程玉鳳 著

河南革命軍先導

王北方傳

臺灣學生書局 印行

王北方先生
（約民國二十五、七年攝）

王北方（左二）與河南同盟會同志合影
（光緒三十三年攝於日本東京）

父親大人四十九歲肖像

長男伯毅敬繪於南昌 二十四.十.

四十九歲之王北方
（長男伯毅繪於民國二十四年十月）

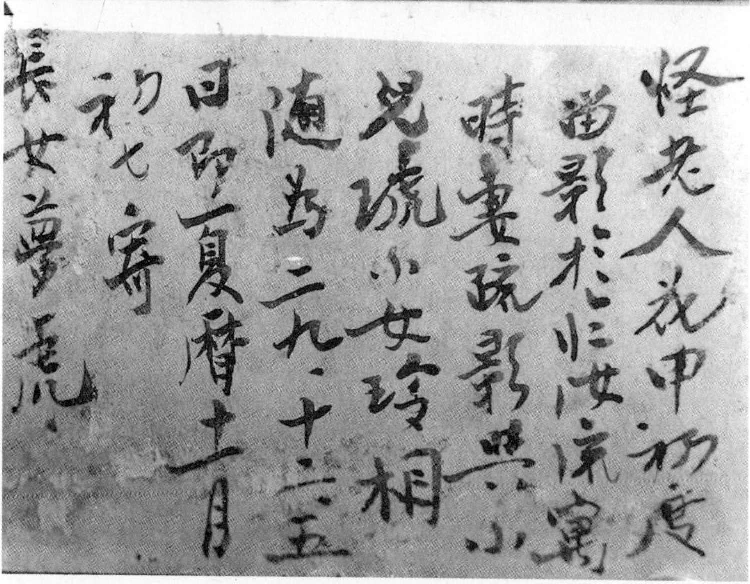
怪老人庚申初度
留影於汴女院寓
時妻疏影與小
兒琥小女琦相
適為二九、十二、五
日即夏曆十一月
初七寄
長女夢虎

六十歲留影（書寄長女夢虎）
（二十九年十二月五日攝）

抗戰勝利後之王北方（攝於開封故居）

九十五歲時的夫人賈疏影女士

開封古吹台

西安「八仙宮」

王俱敏（左）與同班同學蔣玉玲（右）

王俱敏於西安家居（八十二年七月三日）

七子王琥夫婦

王俱敏(右)及夫婿史國華(中)、弟王琥(左)合影

三女王俱如與夫婿吳桂昌合影

王俱如（右）、王天從（左）
吳靈簫、　作　者　　　　　　合影於榮總

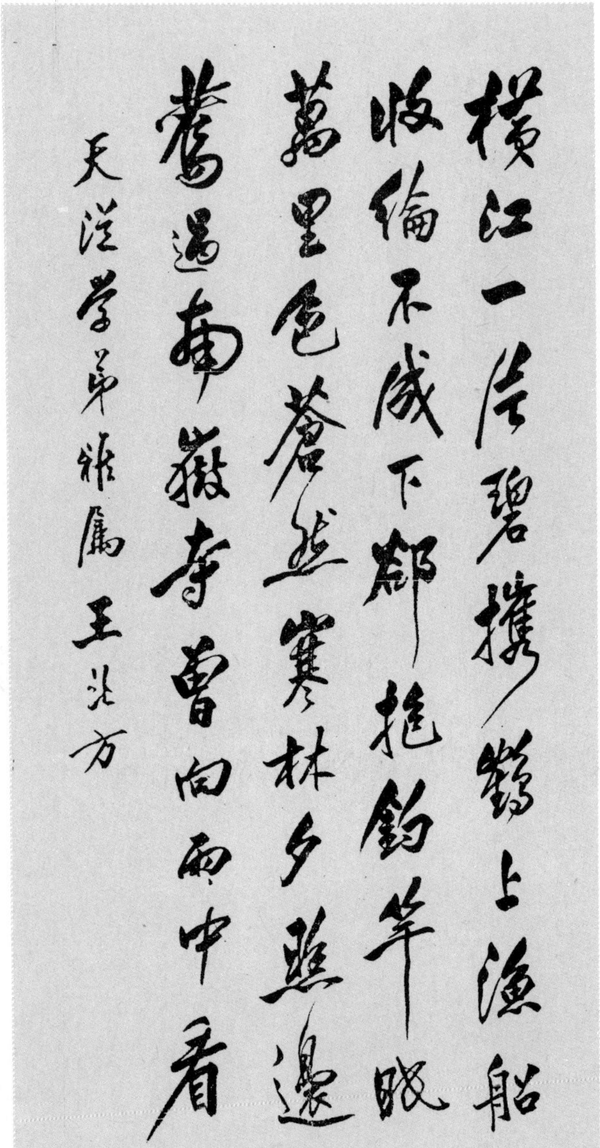

橫江一片碧攜鶴上漁船
收綸不成下鄰抱釣竿眠
萬里色蒼茫寒林夕照邊
驚過南嶽寺曾向雨中看
天從學弟雅屬 王北方

王北方先生墨蹟
(書贈弟子王天從，約攝於民國二十五、六年)

王北方撰「白雲寺重修禪堂官廳庫房碑記」拓碑全文

世新學院共同科學術研討會
由右至左：討論人王家儉教授、主持人王曉波主任
報告人程玉鳳老師

共同科學術研討會後合影

河南革命軍先導
王人傑事略
(諮議局張家甫來稿)

王人傑字漢三別號北方河南孟津人年十二補博士弟子員十四歲偕兄俊傑入洛執贄於縣學官封邱何吟秋先生之門先生大奇之延俊傑課諸子讀館漢三於學署授經綸學期望尤殷漢三幼跅弛又喜詭異不屑拘繩墨俊傑常痛責之一夕亡去留書於几曰歎斯道之無緣念功名其安在去矣遂之嵩山迴角識貸以資斧自緱氏嶺至偃師縣寄宿城西郭學塾後傑聞耗馳至要與俱歸責稍寬十六歲洛紳何姓延爲蒙師居數月又亡去從黃冠遊居丁酉鄉試忽至汴以第二人舉於鄉房考官周雲愛重之會試不售周雲令鄢陵以書召之至署俾習佔嗶漢三苦之乘隙作摴蒲戲負債纍纍悉周雲償之周雲交代漢三偕兄至汴肆業於大梁書院辛丑歲河南備辦大差頗肆騷擾漢三居恒抑鬱咨嗟謾罵識者知傷心人別有懷抱矣未幾復亡去游燕趙間歲暮歸壬寅河南建高等學堂漢三應試得首選入肄業秋間取錄師範咨送京師大學堂癸卯入都覆試後即歸汴登吹臺演說革命時新思想甫萌芽一時學界風發泉湧附和頗衆陳夔龍撫豫擬捕之漢三稍蟄伏旋游日本及南洋羣島歸國挾照像器奔走四方所至鼓吹社會主義效力聿著辛亥爲中州公學教習武漢事起漢三匆匆歸孟津以獨立說縣令蕭廷彬廷彬懼取印付漢三漢三笑卻之遂入洛徧約同志定期舉事洛以西及河南府全屬皆響應會聯合軍界事洩漢三幾不免復去之伊洛間參王天從軍事圖進取云

駿青曰余長漢三八歲共筆硯者兩年知其倜儻負奇節迺果能出其熱心毅力百折不撓爲吾豫革命軍先導亦云偉矣使其得假寸柄從容佈置安見大河南北不與武漢同時光復也

王北方							
性別	男	年齡	四六	籍貫	河南	入黨時期	元年 月 日
職業	軍					入黨地點	北平
永久的通訊處	開封南劉府胡同					介紹人	凌鉞

所屬黨部			
	1	4	7
	2	5	8
	3	6	9

中央組織部 黨員檢查片

年 月 日

黨證字號	[illegible]字 02002 號	貼相片處
備考		

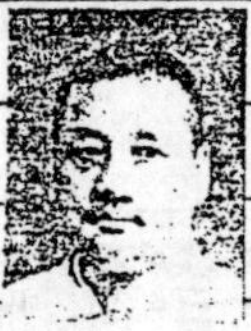

中華民國廿五年九月廿九日

王北方親筆填寫之國民黨黨證
（民國二十五年九月廿九日補發）五十六歲

汝州風穴山圖

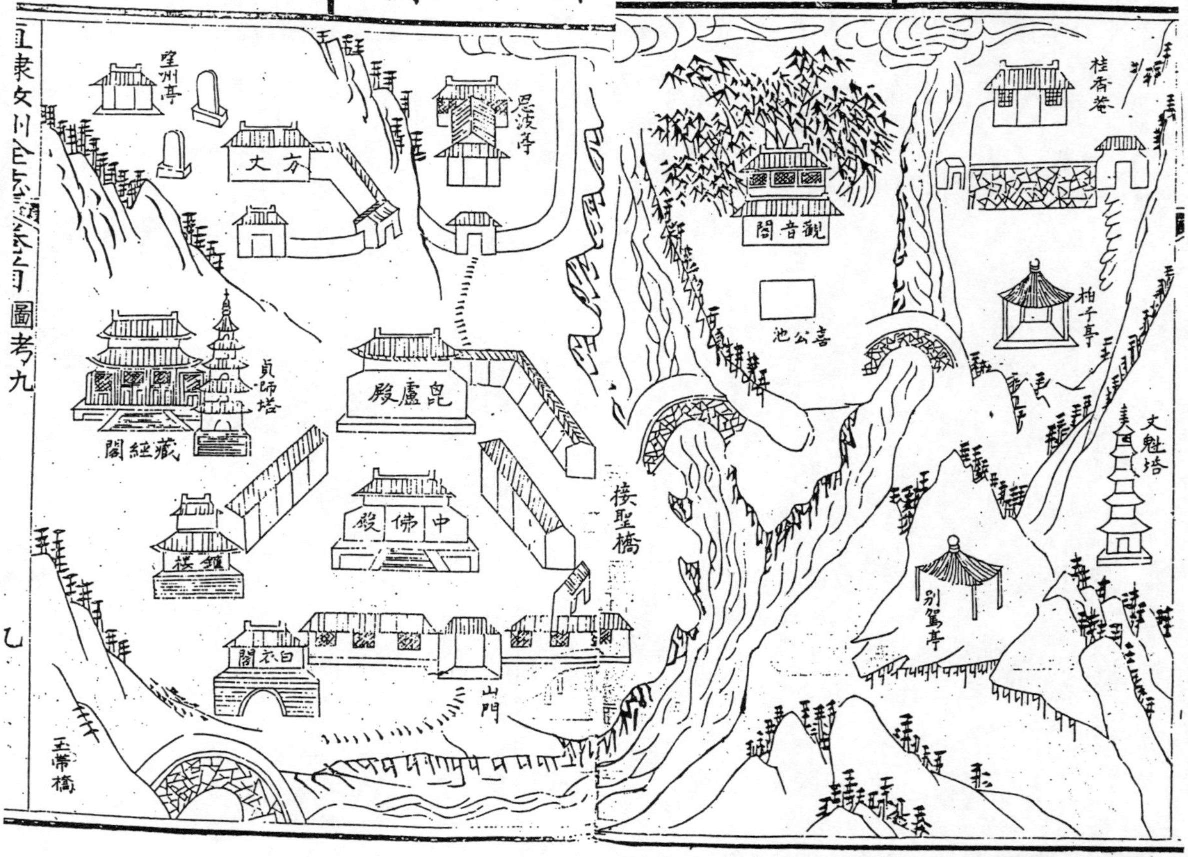
望州亭
思波亭
方丈
貞師塔
毘盧殿
藏經閣
中佛殿
鐘樓
接聖橋
白衣閣
山門
玉帶橋
觀音閣
喜公池
桂香菴
柏子亭
文魁塔
別駕亭

王序

王天從

不肖生未報師恩，午夜孤燈涕淚新，
立雪程門如父子，圍爐尼室若家人；
眞傳革命齊生死，笑語古今證果因，
開國高風推淡泊，菲才愧我負陽春。

右錄〈庚寅歲夕感懷〉七律舊作，啓茲篇端，藉示感念恩師宗大伯王北方先生之栽培與期望，時思圖報，未能償我夙願，引爲平生大憾。

先生堅毅卓絕，有爲有守，致力革命，功成身退，憂勤淡泊，飄然隱逸，興學育教，經師人師，是以朝夕從遊十有餘年，深心教我，妙諦覺我，牖我愛我，影響至爲遠大，故而仰慕之殷，心嚮往之，渺然遐思，無有已也。師母慈愛，無微不至，起居飲食，視吾猶子，多年因依，愈久彌親，此情此恩，永難忘懷。

七七變作，抗日軍興，寇入豫北，偪河而陣，虎視南岸，汴垣危急，先生舉家南走宛西，友人留止新民市（原名石佛寺鎮，在鎮平縣西北十八里）。時吾隨軍校西行入川，途接先生一函，囑以伯姪相稱，與其長女俱敏兄妹相呼，並匯寄「法幣」（時値同銀圓）二十元，關懷備至，期許尤殷，親同骨肉，感激涕零。俱敏來信首云：「天從兄：不要爲流亡而悲哀，不要爲離別而痛苦！」征途慰藉，摯情感人。畢業後，奉召返豫，轉戰第一戰區，己卯秋，與日軍第十四師團（土肥原賢二）背水激戰於氾東，師母焦憂，求神許願，佑我勝還，當庭置案陳設供品，拜謝上蒼，怦然心動，感同生母。

抗日勝利，內亂復起，海峽阻隔，兩岸分裂，音訊斷絕，存亡莫卜，及聞先生入寂，心喪曷極！余久客炎荒，時興鳳兮之歎；飄零天涯，難抑離人之悲。噫嘻！負友負師兼負己，悲生悲死復悲親。歲末追思，師恩爲最，心法心傳，弘揚師門旨趣「為萬世致太平」。先生河南革命先導，開創事功不朽，無能名之，夙昔典型，一代宗風，山高水長，德厚流光，綢繆為文，欲以傳人。

程氏姊妹擅美史文，因請為吾師作傳，玉鳳主稿，玉凰搜尋檔案資料，竟得辛亥年上海《民立報》載先生當時有關革命事蹟——〈河南革命軍先導王人傑〉（先生本名），允稱珍貴史料，參證補綴，得以成書，前後校讀，深獲我心焉。僅敘始末，並謝賢勞。

民國八十五年十一月

受業姪　**王天從**　序於新店五峰山麓客寓

自序

關於《河南革命軍先導　王北方傳》的撰寫，是緣起於爲完成癡老人的宿願。癡老人王天從先生是北方先生最得意的門生，而北方先生對於他的期望更是殷切，視若猶子，其師生間的關係如父子一般，以伯姪相稱，可說是情同骨肉，相處如家人。其師母常對人稱說，北方先生有「四大愛徒」，而天從是最小的愛徒。因此、癡老時常感念於「佛說四恩，師恩爲最」（註）的名言，亟思爲其師作傳，以傳述他的生平事蹟，以及文章、思想、道德，並給予應有的評價與歷史定位，此一報恩的心願，至老而益加彌切。雖然他曾經寫過一篇關於其師的小傳〈懷念恩師王北方先生〉，刊載於《中原文獻》，然而總覺得還不夠詳細完整，非常希望能重新加以增補撰寫，將之出版，以傳之後世，卻又有力不從心之感。

作者從游癡老數十年，平日經常聽他談北方先生的學問、道德、思想、事功……等等，並述說他一生做人行事以及思想觀念，受其師的影響最大，對其師思慕之情，溢於言表。記得其師妹王俱如女士於民國七十八年中秋節前夕來舍圍坐敘談，提及其父生前種種趣事，若有所悟的說道：「天從哥很像我爸爸的小我擴大，大我縮小的影子。」一言下之意，癡老就是北方先生的翻版，因此北方先生的形象事蹟，早已深深印在我的腦海中，因此為北方先生撰寫一部較為詳盡的傳記，以了卻癡老的心願，對我而言，可說是責無旁貸，義不容辭的事。

為北方先生作傳，感觸良多，略述如下：一、其個人資料因戰亂而散失湮滅，只能以門人口述為主，雖有相關資料參考旁證，但仍有資料文獻不足以徵之嘆，不禁感慨戰爭對人類文明的破壞。二、天才型的人物因個性不同而有不同的結局。如梁啓超是學術思想家，也是政治活動家；北方先生則個性恬淡耿直，不喜政治，只作大事而不做大官。他參與革命事業，在幕後籌謀出策，事成後，默默從事教育工作，不求聞達於亂世，因無顯赫的事功載於史書，故除當時人以外，後人知者不多。其三、歷史是人類社會中全體努力的成果，必須人人各盡本能，盡心扮演好自己的角色，才能完成整體的歷史文明。正如胡適所說，「小我的價值，就在於爲大我做出了應有的貢獻」；梁啓超亦主張，「在民族國家的奮鬥中，追求一己生命的價值。」而北方先生的思想、道德、事蹟，頗多足以稱述者，無愧於天地之間，故可爲之寫傳。

北方先生傳記之出版，雖仍有所缺憾，未如人意，但已盡力求眞，爲歷史作了補白的工作，然錯誤之處在所難免，尚祈海內方家不吝匡正。

程玉鳳序於新店五峰山麓

中華民國八十五年十月

註：語見釋體空撰，〈報恩亭記〉，亭建於民國六十七年，位在新店市高麗坑山巔，爲紀念其師法賢上師名屈映光，字文六，浙江臨海人。按佛家語之「四恩」有二說：一、父母恩、衆生恩、國王恩、三寶恩。見《心地觀經》；二、父母恩、師長恩、國王恩、施主恩。見《釋氏要覽》。僧體空係採用《釋氏要覽》的說法，強調感念師恩難報。

河南革命軍先導王北方傳

目錄

照片
王序……王天從
自序……程玉鳳
第一章　緒言……一
第二章　家世與童年……五

第一節　孟津神童……………………五
第二節　地靈人傑……………………九
第三節　破除迷信……………………一一
第三章　參加科舉考試………………二一
第一節　幼童三元……………………二一
第二節　逃避科舉……………………二六
第三節　高中亞元……………………三〇
第四節　春闈報罷……………………三七
第四章　憂心國事……………………四九
第一節　上書慈禧……………………四九
第二節　京師大學堂…………………五六

第三節　沈藎血案……六一
第五章　參加革命……六九
第一節　註籍同盟……六九
第二節　遠走南洋……七四
第三節　歸豫革命……七六
第六章　河南革命軍先導……八五
第一節　發難孟洛……八五
第二節　夜略垣曲……九二
第三節　停戰議和……九六
第七章　功成身退……一〇三
第一節　不愜袁意……一〇三

第二節　寓志於教……………………一〇七
第三節　佈置西北……………………一一〇
第八章　捭闔軍閥……………………一一五
第一節　反吳援粵……………………一一五
第二節　岳督債事……………………一一九
第九章　策應北伐……………………一二五
第一節　豫軍會師武漢………………一二五
第二節　鄧縣之役……………………一二七
第十章　興亡有責……………………一三五
第一節　强起爲吏……………………一三五
第二節　濟汴中學……………………一四〇

第三節　振衣禦侮……………………一四六
第十一章　憂患餘生……………………一五三
第一節　地方清望……………………一五三
第二節　泐石名山……………………一五五
第三節　憂時病歿……………………一五九
第十二章　結論……………………一六九
附錄
壹、紀念詩文
一、慈父嚴師…………王俱敏　一七五
二、悼念岳父北方公……吳桂昌　一八七
三、三十年後念師尊……丁思岑　一九一

四、記事詩三首……………王天從 一九九
貳、大事年表………………………二〇五
索　引
參考書目

第一章 緒言

王北方先生是河南孟津人，生於清德宗光緒六年（一八八〇），時當滿清皇朝末年，正是中國面臨嚴重內憂外患，風雨飄搖的時代。他十一歲就通過縣、府、院考試的「三元」（第一名）成爲秀才，十七歲又考中亞元（第二名舉人），被譽爲神童。以一個出身傳統科舉社會知識份子，應當可以繼續走上仕途，可謂前途無量。然而在這個變亂擾攘，危機即轉機的時代中，他卻能不爲環境所限，而成爲一位鼓動風潮、開創歷史局面的革命家。在那個士族階級的社會裡，一個科舉制度中的名舉人，竟無視於功名利祿，而能凜於「國家興亡，匹夫有責」之義，奮起鼓吹革命，奔走四方，遠及日本、南洋。於辛亥武昌起義時，歸里勸說孟津縣令獨立，並入洛陽遍約同志舉事響應，時人乃稱之爲「河南革命軍先導」。迨至革命成功後，又功成不居，飄然遠行，寓志於興學，作育英才，實現其教育救國的理想，視功名富貴如浮雲。終其一生，秉持做大事不做官的理念，雖謂「鐘鼎山林，各有天性」，亦是難能可貴。尤其是其思想高超，道德學問皆有值得稱述之處，是歷史上所謂「有眞性情、眞貢獻而名位不顯赫」（註二）的典型人物，足可爲之立傳。一如太史公爲伯夷、叔齊立傳，旨在傳述其人之高風亮節，使特立獨行之士得以名留青史，成爲千古典範，受人欽敬與效法。

作者因有感於北方先生的才華志節，是人中之傑，雖無赫赫之功，但在歷史的洪流中，他以其才智，扮演運籌帷幄，開啓風氣，教育救國的角色，是不可缺少的典範人物，乃發願爲其寫傳。北方先生生前的著述等文獻資料頗多，例如與門人往來論學議政的信函、書法、照片，以及《孔子眞言》的著作等，可惜由於幾經戰亂，皆佚散湮滅，以致未能傳世，因此所能徵引運用的資料並不很多，實爲一大憾事！蓋以史家從事歷史研究時，面臨最大的困難，即是史料缺乏，所謂「巧婦難爲無米之炊」，因史料不足則不易重建史實全貌。所幸北方先生個人仍留傳下來一些文字資料，如〈民初河南革命片段　記劉覺民〉一文，相當於其自撰的小傳，刊載於民國三十四年十二月五、六、七日的開封「中國時報」。以是本傳記的撰寫資料，主要是根據癡老（王天從先生）的口述，由他道出其師一生的事蹟與心路歷程，此外、另由凰妹協助翻閱國民政府及行政院檔案，和辛亥年的《民立報》等，蒐集相關資料，加以參考旁證；並有北方先生之長女俱敏、三子王瑋、四子王琥（現仍在大陸），及三女婿吳桂昌先生、弟子丁思岑先生等提供的補充資料。尤其難得的是，桂昌先生託人遠至河南汝州市（舊臨汝縣）風穴山的白雲寺，將北方先生所撰的「白雲寺重修禪堂官廳庫房碑記」拓印下來，上有「國民政府行政院簡任西康設省視察團秘書長王北方謹撰」，亦是他傳世的文獻資料，得來不易，堪稱十分珍貴。

由以上所述可知北方先生資料蒐集之不易，雖是如此，作者仍竭盡所能，以史學工作者求眞求實的客觀態度，根據所得資料，平實的加以鉤勒描述，以信傳信，期使這一時代中的奇人奇事自然的呈現於世，並具有社會教育的意義與影響。

本文共分十二章，除「緒言」、「結論」以外，第二章至四章敘述北方先生從求學到中舉的受教育時期；第五章至第七章是參加革命時期；第八章至第九章是運籌帷幄，捭闔於軍閥之間的北伐時期；第十至第十一章爲從事教育與抗戰時期。希望將其所處時代、及思想、人格特質自然顯現於描述與分析之中，不作溢美誇張之詞，使讀者能明瞭其一生異於常人的事蹟德行，以及值得景仰效法之處，並期能達到「自史學家始，以文學家終。」（註二）的傳記最高標準，此亦是筆者所努力嘗試的目標。

註一：杜維運，《史學方法論》，台北：民國六十八年二月，初版，頁二五一。

註二：同前書，頁二五四。

第二章　家世與童年

第一節　孟津神童

王北方（1880-1952）名人傑，又作人杰，字漢三，「北方」是他當年亡命日本，註籍「中國革命同盟會」時的署名，後來反而以「北方」的別號逕行於世。在他六十歲生日（民國二十九年）時，又別署「怪老人」，充分顯示他對混亂的時局和黑暗的社會的憎惡，見怪而怪，可以想見他憤世嫉俗的性格。

他是河南省河南府孟津縣人，生於清代光緒六年（歲次庚辰）十一月初七日，換算陽曆爲民國前三十二年、西元一八八〇年十二月八日。當他誕生於縣城內的太平街祖宅時，他父親正在書房閱讀《史記》〈留侯世家〉。留侯是張良（字子房）的封爵，其先人五世相韓，後來輔佐劉邦滅秦興漢，爲漢朝開國三傑之一。就在此時，家人前來報喜，於是命名爲「人傑」，字「漢三」，就是取「漢初三傑」之意，可見對他期望之深。

先生家世系出太原郡望王氏，（註三）爲孟津地方名族，世代讀書之家，多「樸學」（註四）之士，或以科舉名世，或以教學傳道，累代清介自持，蔚爲家風。

祖父名廷楝，父名錦堂，皆是博洽多聞，通曉時務而且開明的讀書人，不是世俗一般冬烘頑固，不知變通的腐儒，爲地方知名的宿儒學者，所以他的家學淵源很深。母親也是孟津人，慈祥和藹，在他童年時期即因病早逝，這對於他幼年成長的心靈而言，是個莫大的打擊。其兄名俊傑，是孟津縣學的附生（即附學生，俗稱秀才），督促先生讀書，對他的關愛無微不至，可謂友于情深。在他幼年時期就由父兄執卷嚴格授教，並注意養成他起坐舉止飲食等良好的生活規範，這是他家庭教育的情形，也奠下他深厚的舊學基礎。

先生自幼天資聰穎過人，四歲時已經認識很多字，五、六歲讀書時，能一目數行，過目不忘，而且領悟力很強，能明瞭書中義理。以現代心理學來看，他的

「智商」很高，超出常人，是屬於「天才型」的人。以他小小年紀就可以站著寫大字，而所寫書法頗具韻味氣勢，看到的人都很驚奇。他的記憶力超强，對老師所教授的課業都能完全背誦出來；又每當新年時與家人出遊，看見路旁各家門戶所張貼的春聯詞句，都會默記於心，返家後再敘述一遍，竟能無一字遺忘。

七歲時學作文作詩，才思敏捷，出口成章，辭藻義理，皆可圈可點，令人讚嘆不已，因而有「神童」之譽，名聲遠傳至洛陽一帶，幾乎無人不知，眞是羨煞多少天下父母心。在八歲時已經讀完《大學》、《中庸》、《論語》、《孟子》，乃出外就傳，另求師教。

他不僅對四書背誦如流，而且能闡發新義，舉正謬妄。例如《孟子》〈滕文公篇〉：有「楊氏爲我，是無君也；墨氏兼愛，是無父也。無父無君，是禽獸也。」之句，這是孟子批評楊朱、墨翟兩家思想的看法，認爲他們沒有尊父敬君的觀念。北方先生卻以爲此非楊墨思想的眞相，他認爲楊朱是從落實自我做起，主張要健全自己，自立立人，是小我；墨翟主張兼愛，含有博愛平等的意思，是大我，兩者各有其不同的著眼點，不可因此而廢其言。

又如他對於孔子的「不語怪、力、亂、神」這句話有更深的體會，認爲現代人不可迷信占星、卜筮、風水、命相、命運、鬼神等種種怪異邪說，在他幼小的心靈中就已經有破除迷信的志向，因而日後才有破壞廟裡偶像的行爲。又如他尤其喜歡讀孟子盡心篇「民爲貴，社稷次之，君爲輕」，很稱讚孟子的民主思想，並嚮往這種學說，反對君主專制政體，認爲宋儒註釋四書落入陳腐窠臼，應該演繹出一套合乎時代潮流的新思想，把孔孟復活起來，以指導後世人們的思想行爲。（註五）

北方先生在他幼童時期，就有這樣前進的新思想新見解，說起話來頭頭是道，異於常兒；而且他的相貌額頭寬闊，通冠鼻梁，身軀高大，加上一對炯炯有神的大眼睛，顯得儀容堂堂，舉止大方，所以博得「小聖人」之稱，或被誇稱是個「小官人」，而「孟津神童」的美譽更是傳遍鄉里，正是前途不可限量。

第二節　地靈人傑

北方先生出生於清季甲午戰爭前十四年，也是戊戌變法前十八年，這是個風雨飄搖的時代，中國正面臨著千古未有的大變局，生在這個時代的中國人，都會受到這個大環境的刺激和影響，而在這個歷史轉捩點的時空裡，一個地理環境優秀，人文薈萃的孟津縣，孕育出一代之人傑，可謂其來有自。

河南省位於黃河流域中部，以大部份地方在黃河以南得名，古爲禹貢豫州之域，故簡稱「豫省」，因居於九州之中，故又名「中州」；其省會開封，元代時置汴梁路，故又稱汴梁，以是河南省簡稱「汴省」。豫省扼要中原，夙稱「四戰之地」，足以鞭策四方，攻守攸宜，具有舉足輕重之勢。

河南府府治在洛陽，爲我國最古名都，形勢衝要，四塞險固，自古爲兵家必爭之地。明、清兩代皆管轄洛陽、孟津、新安、登封、偃師、鞏縣、宜陽、洛寧、澠池、嵩縣等十縣。

其家鄉孟津縣，地瀕孟津渡，即古之盟津渡口，因商紂三十三年（西元前一一二二），周武王姬發興師伐紂，與八百諸侯會盟於此，故而得名。孟津縣位在洛陽以北二十里，東連洛口，西據澗水，南憑邙山，北傍黃河，具有表裡山河的形勢，自古為兵家要地，文風亦盛，名勝古蹟很多。如中興漢室的光武帝劉秀陵墓就在孟津城西北十里的鐵謝鎮，是一個歷史文化悠久的縣分，這對於生於斯、長於斯的少年自然發生其無形的影響力。語云：「天地鍾靈，山川毓秀」，當然是有其道理的。因為在不同的環境下，其民性、風俗各不相同，例如豫東為黃河下游水患之區，當地人民必須與惡劣的自然環境搏鬥，其文風自不能與豫西的洛陽、偃師、孟津、鞏縣一帶相比。

至於當時的滿清皇朝正是內亂外患交相煎迫，最為苦難的時代。清廷無法抗拒外來的侵略。自鴉片戰爭戰敗開始，兩次英法聯軍之役，皆告失敗，割地賠款，喪權辱國，而內有咸豐、同治年間的太平天國之亂，亂事長達十五年才告平定，使國家元氣大傷。同治十三年又發生日本侵台的牡丹社事件，光緒五年日本併吞琉球，光緒十年爆發中法戰爭，安南被迫劃歸法國屬地，次年英國併緬甸於印度。此外加上賠款、外債，整個國家已陷入國困民貧的地步。北方先生自幼生長在這個多災多難的環境下，因而激盪起他救亡圖存的國家觀念和民族思想，也影響他後來致力革命的志向。

第三節　破除迷信

北方先生由於天資敏慧，領悟力高，所以他的思想十分明確透徹，清新無礙，異於常人。他對於任何有興趣的事物，一定要深入瞭解，直到明白清楚才能安心，絕不肯有絲毫的含糊，這種求眞的本性，雖到老年始終不變。

他在幼年時期就閱讀了很多書籍，除四書五經外，兼及《史記》、《資治通鑑》、《綱鑑易知錄》、《日知錄》、《天下郡國利病書》、《左氏春秋》……等書，並旁涉有關先秦諸子書，舉凡經學、史學、文學、詞章、文字、音韻，甚至天文、曆法、算術等等，皆頗有心得，甚至還點讀過《說文解字注》、《經傳釋詞》、《經籍纂詁》、《通訓定聲》……等書，國學基本功夫很深，可謂博通經史子集，因而使其思想能前後貫通，不致拘泥，並且能將西方的自然科學和中國的人文科學思想相互印證。

而癡老最佩服的就是其師的思想與見解，隱然與他自己幼年的思想行爲相吻合。尤其是北方先生在童年時期就能詮釋孔子對於鬼神祭祀的思想眞義，以破除世俗迷信的行爲，更爲他所津津樂道。

北方先生十分贊同孔子的思想，他認爲對於中國文化的影響很深，而《論語》這部書就可以涵蓋其思想的全貌。然而由於古今語言文字習俗的隔閡演變，以致發生許多譯讀上的困難，和無法解釋的障礙，後世往往苦其文意晦澀，而註解紛紜，訛誤牽强。尤以囿襲於君主時代的環境，而假借孔子偶像說教愚民，以迎合君主專制體制，形成媚於現實和愚忠愚孝的觀念，缺乏大忠大孝的理念，他非常厭惡這種現象，力圖加以改變，《孔子眞言》一書就是他這個理想的實現。

他在幼年時看到社會大衆迷信鬼神的行爲，很不以爲然，曾經因此向塾師發問關於鬼神和迷信的問題，一如孔門師弟的問難那樣。他引經據典的舉出古籍來加以論證：

一、什麼是「鬼」？

《禮記》〈祭法〉：「人死曰鬼」。

《禮記》〈祭義〉：「衆生必死，死必歸土，此謂之鬼」。

《說文解字》：「人所歸土，爲鬼。」

從以上所引「鬼」的定義可知，「鬼」就是人死以後的代稱罷了，並無特殊的意義或作用。

二、什麼是「神」？

《春秋左傳》莊公三十二年：「神、聰明正直而壹也」。

《史記》〈諡法〉：「民無能名，曰神」。

可知「神」是指凡是正直無私而有功於國家社會，死後值得紀念崇拜的人，即可稱之為神。

綜合以上古籍的解釋來看，所謂「鬼」、「神」，都只是人死後的稱呼，它是無形的、虛有的、而且不存在的，所以並無什麼可以畏懼的。但是因為他們都是我們的先人，生前為這個世界做出一定的貢獻，所以應該以一種恭敬的態度、儀式來表示對祖先的懷念和感激，因此就有祭祀儀式的產生，這就是中國傳統特別重視祭祀的由來。

但是關於祭祀方面，北方先生也有獨特的看法。單以「祭」字來說，它是一個會意字，「比類合誼，以見指撝」，就是會合兩個或兩個以上的字，來表示一個新意義的造字法則。這樣「祭」的解形是從「示」、從「手」、從「肉」三字，「示」象神主之形，就是以手持肉獻於祖宗神位之前的意思。《後漢書》〈祭祀志〉：「祭祀之道，自生民以來，則有之矣。」祀祖、祀神，都叫做「祭」。不過後來一些別有用心的人，像神棍、巫婆、乩童、廟祝等妄人，利用人們對大自然界以及鬼神世界的茫然無知心理，僞託鬼神賜福降災，可獻金贖罪，藉機以詐騙錢財，漸漸演變成一般世俗的鬼神迷信，雖是現代文明世界，我國民間社會仍然迷信很深，崇拜偶像，蛇龜木石都可稱之爲神靈，向其頂禮膜拜，以供品祭祀，這種愚昧的行爲，既可憐又可悲，而且大大妨害了中國社會文明的進步。他非常不以爲然，於是又援引古籍《禮記》、《論語》諸書，以證其非：

一、《禮記》〈祭統〉：「祭者，所以追養繼孝也」。

望文生義，可知祭祀是愼終追遠的意思，不是諂媚賄賂鬼神，以求福除災的迷信行爲。

二、《論語》〈爲政篇〉：「非其鬼而祭之，諂也。見義不爲，無勇也。」

孔子認爲，不是自己的祖先而加以祭祀，就是諂媚的行爲，這是不應該的。如果知道不對仍然不能改正這種荒謬不義的行徑，就是沒有勇氣。

三、《論語》〈八佾篇〉：「祭如在，祭神如神在。子曰：吾不與，祭如不祭。」

孔子的意思是說，祭祀時的心情必須好像此人仍然活著一樣恭敬，祭神的時候就好像神存在一樣。如果我心裡沒有誠意，只是求鬼神保佑降福，那就等於沒有祭祀一樣。

四、《論語》〈雍也篇〉：「子曰：務民之義，敬鬼神而遠之，可謂知矣。」

孔子的意思是說，所謂教人民做應當做的事，就是要人民尊敬鬼神而不要被其所迷惑，這樣才是有智慧的人，可見孔子堅決反對人民迷信鬼神。

五、《論語》〈述而篇〉：「子不語怪、力、亂、神。」

意思是說，孔子從來不與人談荒誕、怪異、暴力、邪亂、神鬼等無稽的話，他不但勸人不要迷信，而且能以身作則。

六、《論語》〈先進篇〉：「季路問事鬼神。子曰：未能事人，焉能事鬼？曰：敢問死？曰：未知生，焉知死？」

孔子的學生季路問他，要如何事奉鬼神？孔子立刻糾正其錯誤，告訴他說：人的事情都還沒能做好，怎能談到事奉鬼神呢？這是不懂做事情的本末先後緩急的原則。季路認為鬼神是因人死而來，既然先不談事奉鬼神，於是再問「死是怎麼回事？」孔子又指點他，「你連人生的意義都還不明白，怎能知道死的事情呢？」。可見孔子教我們要重視生存的意義，不需考慮死是什麼？更不要去管鬼神之事。而世人卻往往本末倒置，先想如何以隆重的儀式，豐盛的祭品去祭祀鬼神，其次如何使自己死得其所，如古之帝王預建陵墓，結果反而忽略如何使自己生活得更有意義。

北方先生的這些看法，使他的老師心裡大為讚嘆，眞可謂為「聖人之徒」。但是在那個頑固封建的時代，若是宣揚出去，將被認為是離經叛道的反動份子，只能暗暗點頭稱是而已。

北方先生的個性是屬於「跅弛之士」（註六）的人物，其友張家甫即曾稱他「自幼跅弛，又喜詭異，不屑拘繩墨」。（註七）所謂「跅弛」也就是放任不受約束之意，他不僅不受世俗愚昧的思想所限制，而且要把他的理念付諸實現，破除迷信。所以他經常去廟裡觀察巫覡道祝如何以符咒治病，以及祈福禳災的作法情形，覺得眞是荒唐怪誕，因而深惡痛絕。而對於民間迷信鬼神，甘心受巫道蠱惑，聽人擺佈愚弄，作賤自己的行爲，更是既可憐又可鄙，因此很想改革破除它。

孟津縣城有兩座東嶽廟，一在城東十三里的白波鎭，一在城東三十里的叩馬村（相傳爲伯夷、叔齊叩馬諫武王處）。其廟主說循環輪迴、因果報應的地獄論。廟裡塑有惡人上刀山、下油鍋、小鬼磨死人，各種恐怖的形像，以嚇唬膽小無知的人。他九歲時，曾經打壞那些面目猙獰，惡形惡狀的小鬼卒；也曾折損過孟津城裡西街城隍廟裡城隍爺夫婦的塑像。還有一次和娘娘廟裏的送子娘娘開玩笑，把她懷裏的小娃娃摭回家，當泥偶玩具，擺在床下，和幾個小鬼頭堆在一起，越積越多。有一天被繼母發現，大吃一驚，詰問他是怎麼來的？他便照實說出來，繼母罵他簡直是瘋了，說他會遭天譴的。從此母子竟因而失歡，爲北方先生終生引爲遺憾之事。

又有一次，他在夜裡進入城隍廟拆毀偶像時，被廟祝發覺追趕，他在慌忙中走避，因爲夜色黑暗，視線不明，不料一不小心，跌仆在前殿門旁水溝，撞斷一顆門牙，便趕快跑回家，到嫂嫂房裡止血，裝作沒事一樣。後來他心有未甘，便暗中設計報復廟祝。有一天夜裡，他故意到廟裡裝成恐怖的影像，廟祝看到受到驚嚇，竟一病不起。他這些異於常人的舉動，雖在於想破除迷信，卻給家人惹了不少麻煩，也使他屢次遭受斥罵，而他卻依然如故。據癡老說，其師常向門生說這些幼年的故事，而他自己幼年也曾經打壞安陽東城牆外閻王廟的塑像，師生的思想行爲如出一轍，所以記得很清楚。在中國民間傳統拜神敬鬼，燒香磕頭的社會裏，一個八、九歲的幼童竟然想要破除迷信，簡直是不可思議的事情。

註三：按太原郡望之始祖爲王威，其父王離，祖王賁，係秦之名將。二世時，王賁已死，天下大亂，趙高亂政，命王離將兵擊趙，圍趙王歇，及張耳於鉅鹿城。項羽救趙，趙高不爲援，離戰敗被俘，其長子王元，東奔琅琊；次子王威，北走太原，以避趙高之禍，子孫繁衍，成爲累代世家，蔚爲琅琊、太原兩郡之聲望，此其由來也。可參見民國六十七年二月二十三日之《台灣日報》副刊，痴叟之〈琅琊郡望王氏源流考補〉。

註四：按「樸學」通稱「漢學」，指儒家學者從事於訓詁考證之學。清代乾、嘉之際，惠棟、戴震等人，繼承東漢時代許慎、鄭玄之學，以漢儒經注爲宗，從文字學和訓詁入手研究經典，後又擴大到史籍、文學、天文、曆法等領域。漢學治學嚴謹，作風質樸，擅長考訂、輯佚、辨僞，故名樸學，但缺點爲信而好古，脱離現實。

註五：據痴老告知，北方先生著有《孔子眞言》一稿，約十餘萬字，以工整的小楷寫於紅格毛邊紙小字簿，約在民國二十四、五年之間，其師將此稿交給他閱讀，他讀後極爲欽挹讚嘆，有深獲我心之感，其書即在於闡發孔子眞義，而北方先生的思想盡在其中，可惜後來抗日戰爭爆發，此稿不知所終。

註六：見《漢書》〈武帝紀〉：「夫泛駕之馬，跅弛之士，亦在御之而已」。

第三章　參加科學考試

第一節　幼童三元

科舉制度自隋唐以來至清代，已有一千三百多年的歷史，對於中國的政治、社會、教育、文化的發展具有極重要的影響。

清代的科舉制度大體上是沿襲明代的系統而來，非常完整，也最嚴格。正式的科舉考試分爲三級：第一級鄉試，考舉人；第二級會試，考貢士；第三級殿試，考進士。凡是由科舉選取的稱爲正途出身，其他像捐班之類，則被視爲異途，並不受人尊敬與重視，可知科舉功名在當時社會知識份子心目中的份量。然而要獲得這個功名，沒有相當的功力是無法達成的。

按照規定，凡士子欲取得參加正式科舉考試的資格，先要參加「童試」，亦稱「小考」，不限年齡，無論老少，都稱爲「童生」、「儒童」、或「文童」，大多是二、三十歲左右。十四歲以下，可以「幼童」報名參加考試，提坐堂號，由「學政」面試，（註八）作簡易試題及其他簡易試法，通過後准予進學。（註九）凡童生、幼童都必須順利通過縣考、府考、院考三個階段，才能成爲「生員」，通稱「秀才」，又稱「庠生」，這是古時讀書人功名的起點。縣考在二月，由知縣主考，儒學署教官監試，考取後再參加府考。府考在四月，由知府主考，考取後再應院考，由學政主考。經過這三段考試，才可稱之爲「秀才」。

北方先生是在清光緒十八（西元一八九二）年，即歲次壬辰，考中秀才，那時他才虛歲十二歲。他先以幼童通過縣、府、院三階段考試，三次發榜都是頭名「案首」。所謂「案首」即是錄取的第一名，因爲試卷皆置於案頭之故。他連中三個第一名，唱名時鳴砲發案，並吹笙簫打鑼鼓，表示崇榮，人稱「小三元」。

當北方先生的捷報傳出，一時名噪洛下，無人不知「孟津神童小三元」，能得到這種榮譽頭銜，眞是光宗耀祖，更非等閒之輩。河南「學政」陳琇瑩定期召集新科秀才在衙署大堂舉行簪花禮，衆秀才都穿著青邊藍袍，腰束玉帶，頭帶銀雀銅頂（高約四公分）紅纓帽，這是秀才的官服，然後在帽頂上簪插金花，身上還斜披紅綢彩帶，表示崇榮喜慶，非常隆重。此時、各家都備好一匹駿馬在考棚外廣場等待新科秀才出來，按照名次排列順序，跨馬遊行鬧市，頭名秀才在最前面，在後者唯前面的馬首是瞻，此時萬人空巷，百姓扶老攜幼，企足引領而望，行經之處，爭相燃放炮竹歡迎，榮耀非常，眞是令人羨煞。

各縣新科及第的秀才，按照成績等第的名次，優秀的由知府送入府學，稱爲「府學生員」，其餘的由各知縣送入縣學，稱爲「縣學生員」，這通稱爲「入學」，（註十）雅稱「入泮」，（註十一）或「游庠」、「進學」等。生員附入學宮讀書，又稱「附生」，通稱「秀才」，雅稱「茂才」，或「諸生」。

河南府知府奉到學院發下的新科秀才名單（雅稱紅案），便召集他們齊集府衙大門，率領至文廟向至聖先師孔夫子的神位行叩拜禮，謁見學署教官（教諭、訓導），知府和教官行賓主禮，稍敘寒暄，交代完畢，即行離去。嗣由教官講經片刻，入學典禮才告完結。

孟津劉知縣接報，獲知幼童王人傑應童子試，府院皆捷，名列金榜魁首，乃本縣之光彩，特於返縣之日，迎接郊外。只見新秀才王人傑青衿雀頂，簪花披紅，騎馬前行，春風得意，氣度與衆不同，儼然一副官家模樣。衆位新科秀才看見縣官來迎接，紛紛下馬躬揖一禮，而後並肩緩行，途經一溝渠，同行秀才多能跳越過去，唯有頭名新秀才年齡最幼，見此情況，面有難色，縣官見狀，便含笑扶持他跨過，使這位新秀才更顯得特別與衆不同。然後縣官乘藍色轎輿，由他騎大馬前導，直入城中，遊行十字大街，又是炮聲不絕，喜氣洋洋，人們都爭著看看這位「神童小三元」，地方父老都稱頌著「滾滾大河毓秀才，神童始步五雲開」，一時傳爲全縣諺語，成爲轟動的孟津縣佳話。

清代習俗，人稱秀才爲「先生」，居家大門比一般平民住宅大門高三寸，在社會上有相當地位，享有豁免徭役，不抽丁稅等優待，見地方官或巡撫、總督，只須一鞠躬，免去跪拜禮，和別的官員不同，身份較平民更是不同，非經黜革功名，不得施用笞刑，這就是「刑不上大夫」的具體表現，古來讀書人窮而傲的節概，就是這樣養成的。

而當王北方榜發之時，已有專差從府城快馬加鞭，送捷報到孟津縣的新秀才家中，捷報到時，王家開大門放鞭炮迎接，送捷報的專差敲鑼直進大廳，家人賞給紅包致謝，父母兄嫂都為之興奮不已，當即準備祭拜祖祠祖塋，以表示光宗耀祖之意。

在中國科舉史上，以十一歲的童子中秀才，是不多見的。與北方先生同時代可以相提並論的神童秀才是梁啓超。梁氏生於西元一八七三年，比北方先生大七歲，在兩三歲時就開始識字，四歲讀《詩經》、《五經》、《四子書》，八歲學作八股文，九歲就能寫洋洋千字的好文章，「神童」之譽已在家鄉傳開，至十一歲時已讀遍《史記》、《唐詩》、《綱鑑易知錄》、《漢書》。梁氏第一次到廣州府考秀才是九歲，但因年幼，並未考中，第二次是十一歲，考中秀才，補博士弟子員。五年後就考中舉人，當時才十七歲，而與北方先生是同歲中舉。

第二節　逃避科舉

北方先生小小年紀就中了秀才，人人稱羨，家人更是欣喜萬分，父母兄嫂都希望他能百尺竿頭，更上層樓，將來大展抱負，好為國家做一番事業，這也正是中國讀書人傳統「學而優則仕」的理想和目標，所以科舉制度就成為中國文化的特色。由此也可想見讀書人從幼年啓蒙入學，要經歷大大小小無數的考試，心理上又要承受很多的壓力，不過是希望一朝登科，立身廟堂，霖雨蒼生。

讀書人中了秀才入學後，第一年先通過考「歲考」，就是由「學政」考察諸生的學業是否荒蕪進步。考試內容為四書、五經文，及五言六韻詩，評定成績，分為六等，一等者可由附生補增生，增生補廩生（公家發給糧食）。「歲考」通過後，才能參加「科考」。「科考」就是「鄉試」前的甄別考試，成績列入一、二等，或三等的前三名，始准許赴省參加鄉試，謂之「錄科」，考生稱為「科生」。此因各省各府、州、縣生員眾多，鄉試考場容量有限，且文字差者，亦徒勞往返，

故有先甄試的必要。（註十二）

北方先生雖才情卓絕，然而性情倜儻不拘，對於考試此道從不放在心上，因此父兄常常必須注意他的功課，隨時督促，但他並不以為意。

光緒二十年春，他十四歲，以歲考成績優異，列為一等，受到府學官何吟樵（河南省封邱縣人）的賞識，認為他是一個才智超凡的少年，值得造就，就召他來洛陽，由其兄俊傑送他到洛陽行贄見禮，拜何學官為師。何師留他住進學署，親自教授經義學，準備應考鄉試，對他期望極為殷切。並延請其兄俊傑為西席，教讀何家的子姪，可謂特別關愛。

先生在洛陽府學所受的教育，都按照清代傳統制式教育的規範，仍然不外八股文、四書文、經書文……等老套，使他非常反感。因為當時考試要考經書和論語，名為策論，卻不以務實為本，而以浮華為尚，讀書人的思想受到考試內容的束縛，一無用處，還不如唐代考試內容包括「明法」（明習法令），「書法」和「算法」等科目，可以實用，比只考經義一途好得多，這也正是現代所謂的「考試領導教學」，亦難怪目前的大學聯考被譏爲「現代科舉」。所以北方先生非常厭惡科舉考八股文，覺得參加這種考試根本毫無意義，眞是誤盡中國讀書人。他認爲讀書是要吸取知識，活學活用，這樣才有其價值。由於他這種個性和想法，所以不太用心於讀書準備考試，因此其兄常責備他不守規矩，好發議論。北方先生無法接受這種約束，非常苦悶，終日鬱鬱不樂，便想逃避到外方山的寺廟中去避靜一下，從禪道學說裡尋求一點人生道理。在某日晚上，他終於留書几上離去，內有：「嘆斯道之無緣，念功名之安在？去矣！」之句，寥寥數語，充滿對八股文的厭惡和受到科舉的壓力。他自認與科舉考試求功名富貴之道無緣，只好放棄，另謀他圖，此一離兄出走的舉動，代表他對現實苦悶的抗議。這時他才十五歲。

北方先生出走後，就到嵩山，想學學方外高僧的雲遊四方，脫離塵俗的煩惱。嵩山在洛陽東南一百多里，登封城北六里，古稱「外方山」，爲五嶽中的中嶽。東峰爲太室山，山勢橫亙，蜿蜒南去，西峰爲「少室山」，奇峰疊聳，像千瓣蓮花，氣象萬千，古刹如林，最高峰爲峻極峰，常爲雲霧遮掩。太室山麓有「中嶽寺」，又稱「中嶽廟」，建築規模，宏偉壯觀，爲道教一大院廟，廟門如城垣，中爲天中閣，係五丈高樓，爲他處少見。他先到中嶽廟尋訪好友李道人（名宗陽），不巧道人剛好出外遊方去了，便獨自遊歷山中名勝古蹟，一面等他回來。不料在山中又遇到舊識，極力勸他趕快回家，努力向學，並贈以回家的盤纏，北方先生不好拒絕，這才經緱氏嶺北走四十里至偃師縣，寄宿在城西郭姓學塾。郭老師很熱心的招待他，一面暗地派人帶信通知其兄，俊傑聞訊，立即至偃師接他回來，從此對他的督責也較前寬鬆多了。

當他十五歲時，正是光緒二十年中日甲午之役，清軍海陸俱敗，清廷被迫簽訂馬關條約，除賠償鉅額軍費外，還要割讓台灣和澎湖群島，喪權辱國，這對他的刺激很大，遂隱然興起改革政治，自强救國的志向。光緒二十二年，先生時爲十六歲，洛陽紳耆何氏，慕名延請他爲經學老師，教授他家子姪。數月後、又自行離去，二度上嵩山訪李道人。道人比他大八、九歲，滿留頭髮，一身青褐色道袍，頭帶混元巾，腳穿白布腰長襪，著青布雙樑鞋，神情飄逸不凡，北方先生與他從遊雲山之間，靜觀嵩山風貌雄偉的全景，果然是個清靜世界，心中頗爲欣喜愉悅。但是最後仍被其兄尋回，動之以親情，說之以義理，希望他以前途功名爲重，勿使父兄操心，如此他總算聽從其兄的勸告，暫時安穩下來。

第三節　高中亞元

光緒二十三（西元一八九七）年歲次丁酉，北方先生虛歲十七歲，各省舉行鄉試，是爲大比之年，也是他考舉人的那一年。所謂「大比」一語，出自《周禮》〈地官、鄉大夫〉：「三年則大比，考其德行道藝，而興賢者能者。」而後遂延伸爲考試舉才之意。

清代科舉考試分成三個時段：凡是逢寅、巳、申、亥的年份，爲「童試」年；子、卯、午、酉，爲「鄉試」年；丑、辰、未、戌，爲「會試」年。凡三年舉辦一科的算是正科，若遇有皇帝即位、大婚、誕辰…等國家慶典，頒佈恩詔，增辦一科考試，則謂之「恩科」。

「鄉試」爲科舉考試中最複雜最重要的階段，人數眾多，規模龐大，爲國家舉行隆重考試及選拔人才之初步。先由各省分別舉行考試，按省的大小，規定錄取舉人的名額。秀才在參加鄉試的考期前，學官都命所帶的門斗（書吏）爲之辦妥一切應考的手續，再交付給這些秀才，打著「奉旨鄉試」的旗號，沿途釐金關卡不得留難，以便前往省城趕考。

北方先生就告辭父兄，裹帶了五百皮錢（五百文），攜著行囊，僱車出孟津過洛陽，東走「白馬寺」。這是中國歷史上第一座佛寺，建於東漢明帝永平十一年，一向有中國佛教「祖庭」的尊稱，爲中國佛教發源地，建築宏偉。先生行經義井鋪，而後經偃師縣城至黑石關（鞏縣西南二十五里，爲洛河津渡處），乃驛路咽喉。此時因連日風雨，只得滯留宿店中，不料在此日子住久，眼看川資行將耗盡。

原來北方先生的食量過人，沿途豪飲大餐，每頓飯要吃一隻雞，尚覺不飽，再加上長期住宿，自然捉襟見肘，正在躊躇間，恰巧店中有一賭客大輸，頻呼負負，他上前觀看許久，窺出其中的詐機，因此就爲輸者借箸代注籌碼，幾次擲骰皆贏，不僅替輸者撈回老本，自己也金滿行囊。於是趁著雨止風息，趲趕前程，經鞏縣城、虎牢關、汜水縣、滎陽縣城、須水鎮、鄭州、古城集、圃田鎮、白沙鎮、中牟縣城、韓莊、杏花營等地，一路官道，到達開封，沒有耽誤考期，先住進客棧，翌日辦理一切手續，休息兩天。

鄉試在八月舉行，又稱「秋闈」。於初八日入闈，共分三場：第一場、初九日早上發題，考八股文，至初十日黃昏交卷淨場；第二場、十一日入場，十二日早上發題，考五經制義題五篇，於十三日黃昏交卷淨場；第三場、十四日進場，十五日早上發題，試對策五道，每問不得超過五百字，十六日黃昏考完出場。每場三天，三場共九天，這是定制。考場是貢院，意爲考舉人才，薦貢京師。開封貢院在城內東北隅，即後來之河南大學。後面一棟房舍，分大堂、官廳、辦公廳和主考官員官舍。兩旁是考棚，分爲若干小弄矮屋，如亭棚一般，考生就在亭棚應考，起居坐臥飲食都在其內，不能出來，加上天氣炎熱，非常不舒服。每弄有百棚，每棚一人，設有木柵門，由「號君」（即工友）管理開關封鎖等雜務，因為他就住在弄的第一號，所以稱他為「號君」。號君稱考生為「新老爺」，因為科舉時代的舉人通稱「老爺」，遂由此衍化出來。

這次河南省丁酉科鄉試的主辦人是河南巡撫劉樹棠，稱為「監臨部院」，簡稱「監臨」，所有總務和監察等事務，都由他派員負責。主持鄉試的正副主考官，負責試題及閱卷工作，從北京坐「八抬大轎」（八人抬的綠呢大轎）來開封，巡撫必須出城迎接，因為是皇帝欽派，等於「欽差大人」，名位崇隆。襄試人員由巡撫於所屬各縣知縣中挑選進士出身而有文名者，先期到省，不許外出，不准會客，至考前送入貢院，名為「同考官」，亦稱「房官」，俗曰「房師」，分任評閱試卷的職責。

八月初六日，舉行入闈禮，監臨設「入簾宴」，主考官、監臨、提調、監試等各執事官，都參加宴會。主考官穿朝服乘肩輿至撫衙赴宴，宴畢入闈。主考官至貢院公堂下轎，入室更衣，監臨送之入簾內，所有內簾各官一同隨進，然後監臨封門，隔之以簾。因貢院體制稱為「內簾」、「外簾」，但內外不相往來，直到發榜才開放，恢復行動自由，關防嚴密，以杜絕發生舞弊情事。

北方先生於初八日點名入場，凡是考生均需搜身檢查，以防夾帶小抄。另遵照規定攜帶文具、食物，按號就位，考試、食宿都在號棚內，無其他活動餘地。然後封門巡邏，場規嚴密。考卷糊名，猶如今日之彌封。每場考完，收繳試卷，由外簾送入內簾。十七日，內監試請主考官升堂分卷，俟主考官、內監試、內收掌、各同考官等均到齊後，分卷完畢，開始評閱。有同考官周雲（字澹淵，山東東阿縣人，光緒十八年進士）閱及北方先生試卷，覺得其文章讀來聲韻鏗鏘，可稱集駢文、散文、對偶、音調之大成；而觀其策論，則義理兼敘，通達古今，曉暢時務，眞知灼見，流露於字裡行間，不禁讚為經世絕佳的好文章，於是呈薦主考官親為校閱。主考官閱後，果然亦拍案驚奇，歎賞其文淋漓盡致，斐然可觀。復經大堂評鑑，由監臨部院（巡撫）中座，正副主考官分坐左右，同考官列席兩旁，經監臨及正副主考官審閱，莫不驚爲異才，遂列名第二。決定中式名額和名次後，於九月十五日發榜，中式者稱「舉人」，雅稱「孝廉」，第一名稱「解元」，第二名稱「亞元」，前五名均稱「經魁」。

鄉試揭曉次日，由巡撫劉樹棠擺設「鹿鳴宴」，大宴主考官、同考官、執事等各官，以及全體新科舉人。房官以上各官員一看新科亞元竟然年齡最小，群相驚訝，譽爲「中州才子」，眾皆舉杯慶賀朝廷之掄才考選得人，前程無量。而後劉巡撫爲新科舉人插帶金花，頒給綢緞，及前五名「經魁」或「文魁」金字匾額，及旗杆銀二十兩，返鄉於家門兩旁豎立石基單斗旗杆兩座，高懸某科舉人旂幟的標誌，以示嘉獎，榮耀鄉里。試務完畢，主考官照例選出幾篇好文章發交貢院刻字處刻成「河南省闈墨」，舉人、副貢亦自刻硃卷，其體例爲舉人姓名、年歲、籍貫、宗族、歷代祖先功名、職業，迄本身父母、妻子、兄弟姊妹、以及受業師，再後爲中式名次，與受知師監臨、正副主考、同考官等人銜名，和考卷評語，最後以試卷中前幾篇好文章成爲硃卷裡的主要部份。至於中舉後，必須餽送主考官、同考官、和業師的贄敬禮，回鄉後還要祭祖、開賀、拜師長、親友，這些都是例行應做之事，如今已成歷史掌故。

鄉試揭曉後，捷報專差由省城送到縣衙，再派人送到家中。尤其解元、亞元兩元，更是專差快馬持牌先發持往，縣衙加派縣差四人扛兩面大銅鑼敲打送府，並燃放長串鞭炮，非常風光，地方鄉紳紛紛前來道賀，家中當然要賞給送捷報的專差大紅包。一時「中州才子，高中亞元」的名聲，傳遍河洛一帶，並傳出預言：「天榜有名，平步青雲」，意謂來年京師會考，得殿試高第，當易如探囊取物一般。

北方先生與梁任公都是十七歲中舉人，所不同的是他被迫參加鄉試，梁氏則早有有志於考試，然而會試卻不第，未能考中進士，乃投入康有為先生的門下，而後參與變法。梁氏與北方先生兩人都是才氣縱橫的才子，卻都未能考中進士，也可見科舉考試並不一定能拔取眞才。

第四節　春闈報罷

北方先生以十七歲中舉，心中頗爲輕鬆愉快，同時對父母兄嫂也有交代，於是暢遊開封城內的「相國寺」。該寺本爲戰國時期魏公子信陵君無忌的故宅，南北朝時北齊文宣帝天保六年始建「建國寺」，不久廢棄；至唐睿宗景雲元年復建，因以舊封相王即帝位，故賜名「相國寺」。明憲宗時改名「崇法寺」，思宗崇禎十五年、黃河氾濫，寺被沖毀；至清世祖順治十六年重建，仍復原名，清高宗乾隆三十一年大加增修，宮殿式的建築，結構獨特，重簷挑角，雕樑畫棟，佛像莊嚴，彩繪塑金，極富藝術價值，其中八角琉璃殿建築形式非常別緻，世所罕見，整體看來更是宏偉壯觀，成爲觀光勝地。而其八角琉璃殿外廊和東西廂多是飯鋪、飲食店，還有星相占卜算命的、賣膏藥的、雜耍的、……，各種娛樂活動，熱鬧非常。

當時有一相士張龍臣，河南鞏縣人，是豫西一帶「哥老會」（註十三）的首座（即龍頭老大），精於相人之術，設命相館於相國寺東廂。一日、北方先生經過其肆前，張見他相貌不凡，知非常人，乃上前打招呼迎之入內，奉茶座談。龍臣言語豪爽，慷慨負江湖義氣，不似一般傖夫俗子，亦有心之人，兩人惺惺相惜，遂結成忘年之交。北方先生暇時常前往與之縱談國家大事，至激憤處，張竟爲之痛哭流涕，（註十四）原來是一個眞性情之人，以是兩人過從日密，而張亦很明瞭北方先生心中暗藏「留侯」的苦志，有意幫助他完成，這也是後來北方先生之所以結交哥老會中人以從事革命反清運動的導因。

某日、有張龍臣的鄉晚輩劉錫治，自鞏縣家鄉來開封採購貨品，北方先生與之相遇於相國寺張龍臣的相命館中。張一手攜旱煙管，一手指著先生，對劉錫治說：「來！來！來！我看你兩人腦後都有反骨，可以作朋友了。」（註十五）所謂「反骨」，意思是說兩人同樣有反清思想。即刻爲他二人介紹姓名，撮成金蘭之交，結爲異姓兄弟，先生爲長，錫治爲弟。次日、由北方先生邀請張、劉二人聚飲，彼此暢飲傾談，肝膽相照，志同道合，極爲投契。錫治很爽快的向先生表示：若有事差遣，願供驅使，患難與共，艱危不辭，一派江湖俠義之氣，原來他已加入哥老會了。從此錫治便成爲北方先生一生革命過程中最親密的生死患難伙伴。

劉錫治是鞏縣北山口村人，幼年家貧，依靠他姊夫和親戚們資助生活，雖然只讀過三年私塾，但是思想非常靈敏，長大後就作「貨郎兒」，（註十六）遊走四鄉叫賣，到處招徠生意，以自己的能力養家。生性慷慨豪爽，交遊很廣，人有急難，一擲千金，毫不吝嗇，輕財好義。後來、北方先生與其加入同盟會，爲之易名「覺民」。（註十七）

北方先生雖是高中亞元，但其心仍鄙視科舉功名，以爲這種制度已經不能適應時代的需要，所以並無積極應考之意，然而礙於父兄之命，還是要報考明年的會試，便於這年（光緒二十三年）十一月偕劉錫治前往北京，住入「河南會館」，準備參加考試。會館位在北京宣武門外大街菜市口東螺馬市大街，這是舊時同省旅居異地的同鄉人，在北京設立的館舍。以地緣關係聯絡鄉誼，歲時集會，舉辦互助，經費皆由鄉人捐助，並供鄉人舉人進京應試之食宿等等，院落很大，房舍很多，環境幽雅，也是讀書最好的處所。

會試是由禮部舉辦的考試，集合全國各省舉人在北京參加，每三年一次，所以稱「會試」，又稱「禮闈」，每逢辰、戌、丑、未年的二月舉行，故又稱「春闈」。各省舉人赴京趕考，最初是規定由地方政府供應車船，故舉人又稱「公車」。後來改發旅費，由知縣報請藩庫發給，沿途關卡不得留難，俾便順利到達京城，（註十八）以免耽誤會試。

先生到達北京之時，德國正藉口山東教案，强租膠州灣九十九年，全國輿論沸騰。先生乃呼籲在京應試同年的舉人，擬上書清廷建言改革政治，圖强自救，適逢康有爲再發起（第二次）公車上書，當時在京各省的舉人約六、七千人，但大多數人怕得罪慈禧太后，影響功名前途和自身安全，而不敢簽名，故實際相與列名連署的約二千人，先生遂慨然署名。（註十九）上書於光緒二十四年正月初八日（一八九八年一月二十九日）遞出，措辭慷慨激昂，首云：

舉人等私憂竊痛，實有難言，彼（德國）越數萬里而傳其教，稍不得當，則索地殺人，我在內地而不能自保其廟像（指山東即墨縣文廟被毀），夫復何言？……（註二十）

清德宗看到上書內容很受感動，帝師翁同龢亦大爲稱讚，認爲議論中肯，德宗遂直接下旨，令康有爲提供改革國事具體意見，於是引出戊戌變政的百日維新運動。

當時嚴復（註二十一）在天津主編《國聞報》，（註二十二）提倡君主立憲，變法維新，主張開民智、新民德、鼓民力、興教育、重科學，爲救國富強的根本，和康有爲創辦的「上海時務報」（梁啓超主筆），相與南北呼應。他所譯刊的名著很多，介紹西方哲學、政治、社會、經濟、學術、思想，以開拓國人心胸，改變保守觀念，對於我國近代新文化運動影響很大而且深遠。由於他也是北方先生的老師，所以受他的影響很大，遂更加致力於鼓吹變法圖強。（註二十三）

戊戌年二月，先生在北京「貢院」參加會試。貢院位在內城東南角，崇文門內東單牌樓東水磨胡同附近，建地頗廣，規模宏偉，房屋甚多。座北向南，前有東西轅門，進內正門名「龍門」，會試舉人約六七千人。禮部（尙書爲許應騤）於會試前先舉行一次覆試，雖無關得失，但未經覆試，不能參加會試。會試典試官爲翁同龢，仍考三場，於二月初八日入闈，第一場爲初九日，第二場爲十二日，第三場爲十五日。放榜時間爲四月十五日。

這年春闈會試的典試官是翁同龢，爲會試大總裁，即主考官。按翁爲咸豐六年丙辰科一甲狀元，同治、光緒兩朝皆值弘德殿，爲兩帝師傅，屢典文衡，歷官刑、工、戶等部尙書，兩任軍機大臣，授協辦大學士、加太子少保，參與機務。他爲國求才心切，因而對於各省來京之解元、亞元，頗爲注意，期能選拔眞才而爲國用。而北方先生早年少負盛名，以十七歲（實爲十六歲）之少年郎高中第二名舉人，早已聲名遠播，翁相則亦聞名而特別留意。

北方先生平常即注意時事，致力於經世學問，尤其對於國際形勢，世界潮流，無不瞭如指掌，故其為文論說，往往鞭辟入裏，具眞知灼見，頗得考官激賞，但因其試卷字裡行間，感懷傷時，有干時忌，尤其以列名公車上書，更為后黨所不容，遂因此而「春闈報罷」（即會試未得中式）。擔任主考官的座師翁同龢，雖甚愛其才而嘉其志，然迫於后黨之忌，亦無可如何。按古之科場定制，試卷一律糊名易書，猶如現代之彌封試卷，應考舉人用墨筆書寫，謂之「墨卷」，場中另置謄錄人員按卷照抄一份，全用硃筆，謂之「硃卷」，考官只見硃卷，不見墨卷，以防辨認筆跡作弊，考官雖欲取中，亦難著力。

這時關於山東教案問題，經由文華殿大學士李鴻章和翁同龢與德國公使海靖（Heyking）交涉後，被迫議定「膠澳租借條約」，租期九十九年，於光緒二十四年二月十四日在北京簽署。是日晚，翁同龢招飲其邸，北方先生以小門生資格侍座，師相當面予以慰勉，希望他來年再參加禮試。翁相並與之痛言外人承修鐵路之害，談及關於膠澳事件談判時，他曾奮力與海靖力爭，不肯讓步，甚至憤極，拂衣而起。海靖至總理衙門時，雖恭親王奕訢、大學士李鴻章、以及諸公卿，已先默然應允，翁猶復據理駁論，然竟不能收回膠澳地方，引爲生平最憾辱之事，未知何時可雪此恥？先生聽後爲之怦然心動，再以康有爲、嚴復二人之言論相印證，更知清廷王公大臣之昏憒，外人恃勢之蠻橫，已至非變法無以圖强生存的地步，這就是北方先生參與革命的動機。（註二十四）

春闈報罷後，北方先生仍暫留在京中，與公卿名士多所往還，相互探討如何接受西方的新科學、新思想、新技術，以致力於挽救危局，共濟時艱。

原來北方先生入京會試時，其寓所與康有爲的住處「南海會館」（米市胡同北口）相距不遠。各省會館都在外城，如甘肅會館在官菜園上街、湖南會館在九間房胡同、江西會館在宣武門外大街南端。米市胡同南口的南橫街中有粤東會館（今爲南橫街小學），是康有爲、梁啓超經常聚會的地方，基於這種地緣關係，彼此志趣相同，遂被康梁相邀參與救國活動，交換讀書心得，或議論國家大事，或談論世界趨勢。此時，康梁邀集同道，鼓動風潮，康於三月二十二日（陽曆四月十二日）在粤中會館召開「保國會議」，到有數百人，成立「保國會」，北方先生亦應邀與會。二十五日、再次集會於「崧（嵩）雲草堂」；二十九日集會於貴州會館，主張自强自救，保全國土，改良政治，積極倡導維新運動，影響所及，一時各省應和，繼此而起的有「保浙會」、「保滇會」，支會漸多，而保守派嫉之，遂起謗議。

四月初、先生參與梁啓超等一百多名舉人聯合署名上書，請光緒帝特下明詔，停止八股試帖，推行經濟六科，以育才而禦外侮。上書遞於都察院，都察院不代奏，達於總理衙門，亦不代奏，無可如之何，遂刊布於五月十三、十四兩日天津之《國聞報》，國人閱之無不憤慨。

北方先生見事無可爲，乃回轉河南。

註八：「學政」是清代「提督學政」的省稱，後改爲「提學使」，亦稱「提學」、「學院」、「學差」，由皇帝欽派科甲出身的翰林充任，每省一任，一任三年，掌管全省學校士習文風的政令，屬三品以上的官位。因考文童兼武童，才加提督銜，表示崇高隆貴，身份等於欽差，和巡撫平行，可以專摺上奏朝廷，巡撫衙門稱「撫院」，學政公署稱「學院」，這也是「院考」名稱的由來。

註九：劉兆璸，《清代科舉》，第一章第三節院考，民國六十四年三月初版。頁八。

註十：清代有府學、州學、縣學，統稱爲儒學，和孔廟在一起，稱爲「學宮」，生員入學後即受教授、學正、教諭、訓導等「教官」的管教。

註十一：學宮（即孔廟）黌門外有「泮水」，水池爲半圓形，新生入學，繞池一周，謂之「入泮」。

註十二：劉兆璸，《清代科舉》，頁十二、十三。

註十三：按哥老會是一種秘密會黨，創於清代乾隆年間，至洪、楊之亂平定後，因湘勇裁遣無所歸，多投入此會，其勢益張。

註十四：王北方，〈民初革命片斷—記劉覺民〉，開封《中國時報》第一版、一九四五年十二月五日～七日。

註十五：同註十。

註十六：即「貨郎」，是舊時代一種做遊動小生意的商販，手搖小鼓，背負或肩挑貨箱，沿街或到村莊叫賣，專售女紅、化妝、針線……等閨閣婦女用品。

註十七：王北方著之〈民初河南革命片斷—記劉覺民〉一文，即是記劉錫治與他參加革命的經過。後於民國二十二年任國民政府監察院委員，二十八年十二月去世。

註十八：劉兆璸，《清代科擧》，第六章會試，頁四四。

註十九：王北方，〈民初河南革命片斷—記劉覺民〉。

註二十：馬洪林，《康有爲傳》，台北：克寧出版社，一九四四年十二月初版，頁一三三。

註二十一：字幾道，福建侯官縣西南陽崎渡人，光緒三年留學英國樸資茅斯學校，再入格林尼次皇家海軍大學。回國後任船政教習。光緒六年天津水師學堂成立，調爲總教習，而後爲會辦、總辦。

註二十二：按光緒二十三年十月初一日，嚴復和育才館（孫寶琦創設）教習夏曾佑（字穗卿，浙江杭縣人），在天津創辦《國聞報》，屬於政論性質，基於時代政治需要，爲清末反應民意之喉舌。係八開報紙，日出一張，用四號字排印，銷路很廣；另外嚴氏還發行《國聞彙報》（旬刊）和《國聞雜誌》，均用三號字排印。其後嚴氏陸續在國聞報刊出所譯名著，尤以《天演論》一書，闡明弱肉強食、適者生存，與保種保群、自強進化之理，對當時國人影響甚大。

註二十三：王北方，前引文，文中稱「嚴幾道師」。

註二十四：王北方，前引文，文中稱「師相」。

第四章　憂心國事

第一節　上書慈禧

北方先生雖會試不中，但他並不放在心上，因爲參加科舉考試，對他來說只不過是遊戲考場罷了，更何況他另有大志，更不在意功名。返回河南故里後，其師周雲時任郾城知縣，以書信召他至縣署讀書，命準備來年再試，並研習考據學。

周雲是北方先生鄉試時的考官，對他十分器重關愛。其祖周天爵爲嘉慶年間進士，官至安徽巡撫；父光斗曾以知府補用同知直隸州，候補江蘇；外祖父湯鵬爲道光進士，官戶部員外郎，可謂官宦世家。周雲以進士出身，先是選翰林院庶吉士，散館改任刑部主事，照例再以進士截取知縣，先後分發宜陽、郾城、固始、長葛、內黃、臨漳、永城七縣知縣，後遷湖北武漢黃德道。（註二十五）而當時正因爲周雲與李鴻章、張之洞諸老前輩都有世誼關係，所以北方先生得以在周師的函牘中獲悉政情，由此更感覺到國事日非。

先是清德宗毅然於光緒二十四年（戊戌）四月二十三日下「定國是」詔，決心變法，有志維新的知識份子莫不喜形於色，興奮萬分，以爲從此可以和平改造清廷的舊體制，挽救中國面臨的危亡命運。詎料由於施行新法，裁汰冗員，加强辦事效率，罷黜頑固份子，任用新人，引起皇室親貴舊黨勢力的惶恐焦慮不安，因而慫恿慈禧太后反對新政，於八月初六日（陽曆九月二十一日）發動政變，慈禧三度臨朝聽政，將光緒皇帝囚於瀛台，緝拿康有爲、梁啓超等人，殺六君子，廢除新政，恢復舊制，以致全盤改革計畫失敗，史稱「戊戌政變」。「百日維新」猶如曇花一現，改革希望成空。

北方先生對清廷革新由希望而失望，終日悒悒，精神異常苦悶，加上每日苦讀科舉考試八股文章，以及考據之學，更不知何以爲是，只好與人作摴蒲戲（古時的賭博戲），藉以消除心中的塊壘，怎奈心神不濟，以致負債累累。周師聞悉，知道他情緒不佳，立即代爲償還，並告誡他不可重蹈柳宗元參與王叔文黨事，而遭致貶謫柳州，終身荒黴的悲哀下場故轍。爲了使他不致荒廢學業，又命他與兄俊傑進入開封大梁書院讀書。（註二十六）北方先生對於恩師的關愛，眞是感激不已。

由於深感空言無補於時局，若再不付諸實際行動，則永遠不能改變局勢，於是北方先生想到應該多結交「哥老會」中人，或可效法張良覓求力士狙擊秦始皇於博浪沙的故事。因而在開封郵政局兼一工作，暇時常往相國寺與相士張龍臣傾談心事，著意尋覓游俠之輩，好託付心腹事，共同從事革命志業。

戊戌政變後，慈禧再度垂簾聽政，任用端郡王載漪、軍機大臣剛毅、徐桐，直隸總督裕祿等頑固份子，守舊勢力又抬頭，終於爆發更荒唐的庚子「義和團事變」。在山東出現一種秘密的民間神怪組織，亦佛亦道，畫符念咒，自稱神力附體，刀槍不入，還能抵擋槍砲子彈。當時山東巡撫毓賢信以爲眞，竟想利用他們排外仇教，打著「扶清滅洋」的旗號，燒教堂、殺教徒，後來由於外國人的抗議，清廷將毓賢解職，改調袁世凱繼任，很快把義和團鎭壓下去，使其無法在山東存在，紛紛逃往直隸境內。然而毓賢進京逢人宣揚義和團的扶清滅洋，法力無邊，忠勇可靠，載漪、剛毅、徐桐這一干人亦都信以爲眞，慫恿慈禧於光緒二十六年春召義和拳進京，稱爲團練，號爲義民，遂改稱「義和團」，弄得京津一帶烏煙瘴氣，光怪陸離，更是變本加厲的燒教堂、殺教士、打教徒、扒鐵道、剪電線，攻使館，愈演愈烈，越鬧越大，最後慈禧竟像瘋了一樣，以德宗名義下詔對洋人宣戰，英、德、俄、法、美、日、義、奧等八國組成聯軍，進攻北京，這就是向全世界宣戰的「庚子事變」。

八國聯軍一路摧枯拉朽，清兵拳匪沿途潰散，直隸總督裕祿服毒自盡，直隸軍務幫辦李秉衡戰敗於通州，吞金自殺，約十天的光景，就攻破北京城。慈禧見此情況，驚惶啼泣，倉皇挾著光緒皇帝、大阿哥溥儁等，易服逃出皇宮，向西北經懷來、宣化、大同、太原，狼狽奔往西安，顧不得京津糜爛，都城混亂，整個北方已陷入無政府狀態，國家危急不安。慈禧逃到西安，仍驚魂不定，猶恐洋兵追來，只有依賴李鴻章與各國駐華公使議和。結果在光緒二十七年七月二十五日才談妥條件，簽訂懲兇、謝罪、劃定使館特區、撤銷京畿國防、以及天文數字的鉅額賠款，此即中國近代史上最慘痛屈辱的「辛丑條約」。

北方先生目睹時局板蕩，情勢危急，痛感內亂外患將加速中國危機，腐敗的政治已扼殺國家的命運，環境愈來愈艱險惡劣，若不痛定思痛，亟思改變，恐將遭時代的自然淘汰，在這歷史轉折的關鍵點上，慈禧應該幡然醒悟，痛改前非，還政光緒皇帝，變法改制，革新政治，以挽救衰亡的命運。於是擬就萬言書，準備上書慈禧。主意既定，乃於辛丑春，束裝就道，西赴關中，至西安的八仙宮，請其舊識李宗陽道人轉遞他的萬言書。

八仙宮俗名八仙庵，在西安城東關，舊長樂坊，建於宋代，莊嚴清幽，有三進大院，六座大殿，建築宏偉壯觀，內供八仙，爲當地最大的道教廟宇，亦是西安最值得一遊的名勝。從清戶部侍郎袁保恆書寫的「重修八仙庵碑記」，即可觀其勝概。（註二十七）每年陰曆四月十四日至十六日有三天傳統廟會，遠近商販多到此販賣商品，有如臨時市集，香火鼎盛，熱鬧非常，善男信女，人潮擁擠，形成一大特色。殿前立有慈禧太后的「萬壽碑」，乃是慈禧將自西安回鑾時所立，爲右都御史山西巡撫升允所書，李宗陽道人刊石。

李宗陽道人字涵三，河南省南陽府人，幼讀詩書，善彈古琴，厭世俗，喜清靜，因之隱遊方外，由嵩山、華山，而至西安，爲「八仙庵」方丈。當慈禧逃難西安時，李道人聞訊，亦去接駕，太后甚爲喜歡，賞賜紫衣，藉表崇隆，並賜三清殿「洞天雲笈」四字匾額，德宗亦題頒八仙殿「寶籙仙傳」匾額一方，以示寵褒之意。（註二十八）

北方先生就住在八仙庵內，與李道人商談上萬言書之事。書中內容是勸慈禧憬悟前非，重視民意，罷黜親貴，順應潮流，訂立憲法，改革制度，施行新政，自强自救，以慰國人殷殷望治的心情，其中建議事項，條理分明，剴切縷析，詞義詳備。李道人頗爲稱讚，把這萬言書遞交寵宦總管太監李蓮英轉呈慈禧。過了幾天，李蓮英回話，說是太后於行在閱過了，表示已經知道了，接著又授意李蓮英轉告李道人，速勸北方先生離去。可見慈禧仍不願面對現實，唯恐增加國人對她的反感，而使其權位不保。不過慈禧回北京後，迫於形勢，爲安撫人心，表面上也頒佈一些變法措施，或許也受到北方先生萬言書的影響吧！

然而北方先生認爲慈禧對他的萬言書沒有反應，其思想頑固有如化石，仍然無法改變朝政，非常失望，回到開封，就對劉錫治說，慈禧那個老太婆愚昧無知，太自私短視，豈止斷送滿清皇朝命運，連整個中國的命運都將斷送在她的手中。今後要改變國家命運，不能再寄望這個腐化的政府，非採取革命手段不可。光緒二十七年秋，辛丑和約簽訂後，慈禧又挾著德宗北歸，她竟鑾駕輿從，大加排場，似乎已忘記她惹下的大災禍大苦難，和倉皇逃難時的狼狽情景，沿途經過的地方都要備辦大差，以供她享受，極盡騷擾之能事，河南亦不能免。北方先生見此情況，不禁大罵：「寡廉鮮恥，何以爲人？」，每日嗟嘆謾罵，抑鬱寡歡，唯有知者才能明瞭他的心情，所謂傷心人別有懷抱。不久，北方先生又離開河南，北遊燕趙各地，蓋其地民風，自古多慷慨悲歌游俠之士，此時他對革命的決心已經堅定不移了。

以一個二十歲的青年舉人，不專心致力於功名之道，卻憂心國事，還要到西安去上書慈禧太后，眞是不務正業，不自量力，由此也可知道北方先生的思想前進，志向遠大，絕不肯斤斤於詞章考據之學，而無視於時代的轉變，與國家的危亡。

第二節 京師大學堂

光緒二十七年七月間，也就是在北方先生上萬言書後，慈禧爲了迎合洋人心理，並且平抑人民的怨忿，曾下詔變法，廢除八股文，命各省籌辦武備學堂；八月、又命各省就原有的書院，改設大學堂，各府及直隸州改設中學堂，各州縣改設小學堂，看來似乎眞的要再維新變法了，然而事實上不過是虛應故事，掩人耳目，並非誠心變法圖強，若說是萬言書發生的一點影響力，或許是巧合罷了。

根據光緒二十七年八月的詔令，開封府亦奉命籌辦河南高等學堂（亦稱河南大學堂），地點是開封城內東北隅的貢院，於二十八年春開始招生。北方先生首先報名應試，以開風氣之先。果然名列榜首，以第一名錄取，進入師範科肄業。師範科是以培養師資爲目的，可說是一個新教育理念的開端，舊科舉制度的結束。它可以培植人才，感化人心，達成教育救國的目的。只可惜劉錫治未被錄取，數月後，抑鬱返回鞏縣故里，北方先生除安慰他外，並囑咐他要多多結納地方幫會黨人，以備他日大用，不可自暴自棄，志氣消沈。

光緒二十八年秋，河南省應「京師大學堂」的咨文，選送優級生來京。北方先生乃參加九月十三日（陽曆十月十四日）在北京舉行的覆試，又以優異成績考取「京師大學堂」師範館史地系。

北方先生早有志於從事教育工作，所以選擇師範就讀。在北京期間，他拜訪師友，觀察風氣，廣聞中外時務，滌盪胸襟，精神爲之振奮，數日後即南返開封。此時、他已是京師大學堂的新鮮人，轟動省垣，於是會集學界人士於大梁書院，並登上「古吹臺」（註二十九）（開封城東南六里）演說現代思想與世界潮流，主張讀書人應具有爲天下先，負有舍我其誰的使命感，面對中國的腐敗政府，更當鼓吹革命，以創建新國家。這時開封的新思想剛剛萌芽，來聽演說的都是知識份子，群情激昂，熱血沸騰，一時如風發雲湧，激起很大的波瀾，附和響應的人很多。當時的新任河南巡撫陳夔龍，以爲北方先生散播邪說，蠱惑學界革命，意圖造反，準備逮捕究辦。北方先生事先聞風，乃夤夜北上入京，正逢京師大學堂開學之期。

「京師大學堂」早在光緒二十一年已決定設立，爲廣育人才，振興實學，直到戊戌變法時，此計畫才付諸施行，於四月二十七日（陽曆六月十五日）下詔開辦。地址在皇城景山下、地安門內景山東街馬神廟的舊和嘉公主府第。由原國子監、官書局、譯書局合併而成，舊有房舍三百四十多間，新建一百三十多間。內自編修、檢討、司員，外至道、府、州、縣，俱令入學，以工部尙書協辦大學士孫家鼐（字燮臣、安徽壽縣人，咸豐九年狀元）爲管學大臣，管理學堂事務，並節制各省所設學堂；金誠格（光緒十五年進士）爲總辦；吏部侍郎許景澄（同治七年進士）爲總教習，同文館總教習丁韙良爲副，朱祖謀、李家駒爲提調，負責管理調度，集一時之人選，以推廣新式教育，培育建國人才。首任管學大臣爲帝師孫家鼐，開學日期是十一月初五日（陽曆十二月十七日）。當時一些有志的讀書人，以往是研讀儒家經典，經過科舉考試，得中秀才、舉人、進士等功名，且已具有政治和社會地位，然而由於風氣已開，也來參加考試入學，接受新式教育，甚至出國留學，突破舊式中國文化的範疇，吸取新知識，一時成爲爲一股蓬勃朝氣。

迨至八國聯軍盤踞北京城時，「京師大學堂」被迫停頓。至辛丑條約訂立後，始於十二月初一日恢復校務，吏部大臣張百熙（字治秋、湖南長沙人，甲戍進士）爲欽命管理京師大學堂事務大臣，亟謀展開擘畫辦法，期望漸次以學校代替科舉。分大學預備科、大學專門分科、及大學院三級，第一級三年卒業，第二級三至四年卒業，給予舉人出身，第三級相當於今之研究所，給予進士等名稱。又爲培養人才收到急效起見，先設速成科，分仕學館（政治的）、師範館（教育的）。從光緒二十九年開始，凡是新科翰林，必須再到「京師大學堂」讀書，京官五品至八品、及外官候選，或因事留京的，道員以下、教職以上，都准許應考入師範館學習。雖是名爲速成科學制，亦規定三至四年卒業，可以擔任初級官吏或學堂教習。

光緒二十八年九月十三日、「京師大學堂」先行招考速成科學生，考試科目有史論、輿地策、交涉策、物理策及外國文論等七門，錄取新生共計仕學館三十六名，師範館五十六名。十月二十四日再次招考，兩館又錄取九十名。十一月十八日（陽曆十二月十八日）、重新舉行開學典禮，教習、學官、職員，都穿上補褂（亦稱補服，清代品官之徽識，綴於章服之前後心）華衣，致祀孔子，儀式十分隆重。次年正月十一日，清廷增派戶部尙書榮慶爲管學大臣，會同管理京師大學堂學務。

張百熙頭腦清晰，思想新穎開明，通曉時務，深知人才是國家興盛的根本，學校則是造就人才的處所，所以很重視青年學生的教育，開啓新風氣，使校譽蔚爲全國之冠，成爲中國學術重鎮，至民國後改爲國立北京大學，仍然歷久不衰，揚名國際，並以當年創辦京師大學堂開學之日期，即陰曆十一月初五日（陽曆十二月十七日）爲校慶日。

第三節　沈藎血案

北方先生遊學京師，勤研歷史、地理、名人傳記，以及西方的事物，所讀皆是新思想、新學說……等相關書籍，因此培養出博學多聞的器識，能與人侃侃而談，議論滔滔，對事情均有深入的看法，能見人所不能見，並能充分的詮釋與發揮，加上他開朗、樂觀、主動進取的個性，頗能能使人信服其說，因此成爲同學中的人望，也頗獲管學大臣張百熙的賞識，經常召見他，作個別談話，並留他吃飯，對他特別關愛。在這段期間，他曾兼任天津海關職員、小學教師，以及北京「警世鐘」報社編輯，著文諷貶時政，啓迪民智，引導新思潮。

光緒二十九年春，發生清廷與俄國訂立密約之事，引起「京師大學堂」學生的抗議。先是這年俄國沙皇尼古拉二世（Nicholas II）電令其駐北京公使館署理公使普拉嵩（De Placon）於三月二十一日向清廷外務部大臣王文韶秘密提出七項新的要求，內容是：一、要清廷承諾東三省之土地不得租借或割讓他國；二、撤兵地區不得開爲自由商港；三、東三省之行政軍事機構，不得聘用俄國以外之他國人；四、在滿州所設之電線，俄國得以使用；五、擴大華俄道勝銀行之權力，爲建築由北京經張家口通往庫倫、恰克圖之鐵路，歸華俄道勝銀行建造。其主要目的是要控制滿蒙的利益，且視爲禁臠，強迫清廷承認，否則拒絕中俄兩國所約定之第二期撤走駐東北的俄軍。詎料秘密外洩，消息傳出，國人大憤，日、英、美三國亦起而反對，尤以日本態度最爲激烈。

「京師大學堂」學生聞訊譁然，憤慨異常，於四月初四日舉行大會抗議，痛斥俄國背信違約，圖謀侵犯我東三省領土主權。而仕學館、師範館的學生兩百多人，登台演說的有數十人，北方先生更是義憤塡膺，抨擊俄國的爽約背信，拒不撤兵，意圖侵略我國領土，且又提出無理要求，企圖獨享權利，不許他國干預，實在令人可恨，應請朝廷嚴詞拒絕，或公佈世界，使其理屈，知難而止，否則我國當不惜一戰，學生願組「拒俄義勇隊」，以保衛國土，維護主權。台上議論激昂，台下聽衆血脈賁張，風從雷動，甚至一致簽名上書請願。於是議決繕具上管學大臣，請代轉奏「拒俄書」，內容縷陳國家當前危機，和俄國的陰謀，並提出挽救的方略，堅決表示願意投筆執戈，誓死保全我國領土完整，維護國家獨立主權。

當時有某報記者沈藎獲悉俄國向清廷勒索，提出七項條款密約，要求承諾其在東北地方專有利益之擴展，不容他國染指，乃將之揭諸日人報端，使得中外輿論大譁，交相攻訐，尤以日本反對最爲激烈，成爲日俄戰爭的導火線。然而當時清廷懼於俄國壓力，因而興起大獄，發生「沈藎血案」，一時轟動中外，成爲引人注目的案件。

沈藎、原名克誠、字禹希，一作愚溪，又作漁溪，湖南省善化縣人，生於同治十一年，爲湘中名士學者。光緒二十四年與譚嗣同參加康有爲的戊戌變法運動，時人目爲維新志士。年底、隨唐才常赴日本。二十六年春，返國抵滬。與才常發起組織「正氣會」，旋改「自立會」，聯絡會黨，成立「自立軍」。漢口自立軍之役，擔任右軍統領，負責在湖北沔陽南、長江北岸新隄鎮發難，因漢口以遲緩失事，影響右軍士氣，遂告失敗，唐才常被捕死難。（註三十）沈藎由武昌逃遁上海，潛至北京，與被開缺的道員劉鶚（字鐵雲，長於治河，熱心鐵路礦務等時務，著《老殘遊記》）交好，於是借宿在崇文門外大街的木廠胡同，與日本人交游，任某報記者。就在報紙揭發清廷與俄國私訂密約的消息，遂遭慈禧大忌。此時有被革職的翰林院檢討吳式釗（雲南人），曾與劉鶚同辦山西、河南礦務，二人往還甚密，亦寄居於劉氏處，故與沈藎認識，相交爲友。吳氏因失職逗留京師圖謀開復，苦無機會，聞聽沈藎言其曾參與自立軍之役，且爲譚嗣同友，而慈禧對戊戌黨人仍銜恨未已，遂欲以告密賣友復官，乃和內務府郎中慶寬通線，由慶寬向慈禧告稱，沈藎與康黨暗通消息，圖謀不軌，慈禧大怒，下令逮捕沈藎，必欲置之於死地。

光緒二十九年閏五月二十五日（陽曆七月十九日），沈藎在王府井大街三條胡同寓所被誘捕，四天後，刑部奉旨嚴加審訊，藎自稱爲「洗血黨」，比附武則天的十條行事，諷刺慈禧。被詢及「自立軍」事件，亦供認不諱，遂被定讞，慈禧以當時名爲推行新政，不願落人以誅新黨口實，乃於半夜出手諭，命就獄中杖斃而以病死報。沈藎竟於六月初八日（陽曆七月三十一日）夜，被亂杖交下連擊約三小時，始捶斃於獄中，血跡斑斑，狀極慘酷，年僅三十一歲。（註三十一）一時中外輿論譁然，紛紛痛責清廷暴戾，太不人道，革命思潮乃更爲激盪。

北方先生當時擔任北京「警世鐘」報社編輯，而沈藎經常至報社，相談之下，知道他是一位愛國的志士，如今竟被杖斃獄中，基於義憤，乃上書申訴沈藎慘死事件。內容大意是說朝廷殘害志士，嚴酷刑逼，違背人道文明國家法令，將爲世界列國所不恥，千古冤獄，以此爲最，應當改弦易轍，以圖自強之道。未料此書又忤逆慈禧之意，北方先生恐將遭不測，幸而管學大臣張百熙素愛其才而憫其志，夤夜贈資催促他迅速逃離北京以避禍。不料又接到開封友人密告，謂河南巡撫張人駿以奉廷寄（諭旨）掩捕，千萬勿南來，因而急轉匆匆北走海參崴，亡命天涯。在此次沈蓋事件可說是北方先生革命思想的一大轉捩點，蓋以從此更可以確定，在慈禧掌政下的清廷，立憲改革已是遙不可期的幻想。

註二十五：參見周雲撰，〈先大父文忠公行狀〉、〈先妣事略〉；高紹和撰，〈周節母湯太恭人傳〉，《續修東阿縣志》，卷十四，藝文下。

註二十六：大梁書院在開封城東南六里禹王台，為舊「二程書院」改名。

註二十七：參見呂佛庭，《中國十大名都》，台北：行政院文化建設委員會，民國七十四年六月初版，頁九四。

註二十八：同註二十一。據呂佛庭先生云，李宗陽後來回南陽任玄妙觀及武侯祠方丈，曾與他彈過琴。而於民國三十年羽化於武侯祠，享年七十歲。

註二十九：按古吹臺為春秋時代晉國樂師師曠「吹臺」遺址，高數仞，廣三四畝，上建禹廟，俗稱「禹王臺」。

註三十：參考馮自由，《中華民國開國前革命史》第一冊第十一章〈庚子唐才常漢口之役〉。

註三十一：孔祥吉，〈清末沈藎血案內幕〉，《歷史月刊》第四十期，九十四頁。

第五章　參加革命

第一節　註籍同盟

北方先生亡命海參崴，篙目時艱，憂心忡忡。這時正是日俄兩國醞釀戰爭的前夕，雙方交涉談判，爭奪權益，互不相讓。俄國不僅拒不撤兵，而且要脅清廷劃定東北爲其勢力範圍，以便獨享利益，日本則不甘示弱，最後終於對俄國宣戰。

北方先生頗具有語言天才，他在海參崴俄國人的社會裡，很快就學會俄國話，認識俄國文字，也因而結交一位心志相同的俄國朋友。此人原是俄國革命黨人，以推翻帝俄沙皇君主專制體制爲宗旨，與先生密商大事，並介紹北方先生給俄國革命黨人喀巴保夫，再前往中亞地方協助策動革命，並囑他取道西伯利亞，先到莫斯科觀察情勢，再轉往新疆迪化，等候會商行動。此舉正合先生反俄的意向，於是慨然允諾，即日啓程。先乘西伯利亞鐵路火車，歷時多天，至莫斯科，路程七千多公里，稍做勾留，觀察探詢有關軍事、政治、經濟等措施，經過研究分析並判斷情況，即迅速函告友人。然後按照既定計畫，離開莫斯科，東南行經伊凡諾夫、高爾基、鄂木斯克、烏奇阿拉爾等地，越阿拉套山，進入國境準格爾門，歷精河、烏蘇、綏來、昌吉而抵迪化。這段期間輾轉長途跋涉數月，遠適異國，困阨勞頓，忍飢受寒，足見其堅定的毅力與過人的耐力。

迪化在烏魯木齊河東岸，舊稱烏魯木齊，俗名紅廟子，為新疆省會。地當天山北路負山帶水，形勢雄偉，原有滿漢二城，分居兩族，甘肅、陝西、山西、綏遠各省商人多麇集於此貿易。北方先生在此等待俄國友人來新疆期間，就住在一位河南同鄉商人家中，順便遊歷土魯番、焉耆、庫車、哈密等地，一面打電報給劉錫治，要他兼程來迪化商量要事。錫治家中素來貧窮，一時無法籌得旅費，就扮成肩販藥材的小販，沿路售賣，就這樣風塵僕僕，經半年時間才來到迪化，同住在同鄉家中，此亦劉錫治插足革命的第一步。

北方先生在迪化久等俄國友人不來，又無消息，心裡焦灼萬分。時有新疆省提學使（註三十二）杜彤君與他異地相交甚得，兩人無話不談，又知道北方先生孤憤報國，擬和俄國革命黨人合作顛覆沙皇，對他十分欽佩。幸好杜氏通曉俄語，獲悉俄國政情，即告知其俄國友人已在托木斯克城（註三十三）被俄廷偵探捕獲，發配薩哈連島服勞役，此行遂進退失據。杜氏苦勸他折回內地，轉往日本觀望待機，或者尚可有一番作爲。於是與錫治入甘肅省境內，再東入玉門關、嘉峪關，經張掖、武威、蘭州、安定等地至秦州（天水），稍事休息，將錫治安頓於友人旅舍，囑咐他留此以作後應。因錫治少時曾習中醫，在此爲人治病，稍有收入，可藉以謀生，衣食無虞，一方面可負責聯絡西北一帶會黨，宣傳反清排滿的革命意識。

北方先生在秦州與錫治分手後，即隻身東走關中，北至綏遠、察哈爾、熱河，越長城，至奉天大連港，乘輪東渡日本，漂泊異國，眞是百感交集。先是以反俄上書爲清廷所忌，又爲沈藎血案仗義執言，遭慈禧所恨，而日俄謀我滿洲地方，其心既反俄國，又恨日本，更惡清廷之腐敗，使國家遭到列强瓜分的危機，去國懷鄉，憂心未已。迨至光緒二十九年（西元一九〇四）十二月十五日，日俄戰爭爆發，竟以我東北爲戰場，而中國必須嚴守中立，結果俄國戰敗，雙方簽訂「朴資茅斯條約」，由俄國把旅順、大連和南滿的權益讓渡給日本，以中國權益私相授受，人爲刀俎，我爲魚肉，莫此爲甚！莫怪在日俄條約訂立後，革命風潮激盪，勢不可遏。光緒三十一年七月二十日，由興中會、華興會、光復會聯合組成「中國革命同盟會」，代表全國革命勢力的大結合，誓將合力推倒腐朽不堪的滿清政府而後已。

光緒三十二年正月，北方先生東渡日本抵達東京，由河南留日同鄉會同學黨人程克（原名士清、字中漁，開封人，河南大學堂、日本東京帝國大學法科畢業）接待，得介識田桐（字梓琴、湖北蘄春人）、景定成（字梅九、山西安邑人）、黃興等黨人，暢談革命，惺惺相惜，互相引爲同志。黃興對北方先生的印象是才情縱橫，倜儻有大志，血性豪邁，令人迴腸盪氣。總理孫文則訝異其人灑逸而負文采，視爲奇才，極爲賞識，嘉許爲「北方人傑」，先生乃以「北方」爲號，久而久之，其名反而不顯。於是由田桐、景定成爲介紹人，以王北方之名，加盟註籍同盟會，並且爲劉錫治易名爲「覺民」，以委託方式推薦入同盟會，入盟爲會員，亦以字號行世。北方先生終於跳出科舉的窠臼，走向推翻滿清的革命之路，時爲二十六歲。

這年，國內黨人活動十分積極，而在日本的黨人卻陷於經濟短絀的困境。時有淩鉞（字子黃、河南固始縣人）是天津法政學堂肄業，年齡比北方先生小兩歲，知道先生在日本很短期間內就學會了日語，足以肆應日本社會，所以爲儲備將來建國立憲人才，亟欲留先生在日本研習法政。然而這時正好有河南人孫鐘（字震東、開封人，民國成立後任臨時參議員）亦由天津亡命日本，衣食均需由豫籍同鄉同學供給，爲了減輕豫籍鄉友的負擔，北方先生乃隨粵籍同盟會友人離日赴南洋群島，宣揚主義，鼓吹革命。

離日時，河南省籍會友餞行東京，依依惜別，攝影留念，即文中所附照片一幀，（註三十四）其中坐者左爲北方先生，已剪辮髮，右坐者似爲淩鉞，共有六人，個個面色凝重，別有一番離情滋味在心頭。

此爲河南志士參與革命的思想與動機，故河南省之革命運動，實以東渡日本參加同盟會的同學同鄉爲主腦，鼓動風潮，由宣傳而漸進於行動，以創啓河南省革命的先聲，收功頗鉅。

第二節　遠走南洋

北方先生多年孤身抗爭，亡命荒遠，又東渡日本，參加同盟會，不辭艱危苦難，致力革命。此時爲了因應革命時勢，遠適南洋，奔走海外，與粵籍同志深入華僑社會，宣傳革命三大主義——民族、民權、民生主義，以擴張革命的聲勢，匯成革命巨流。

北方先生宣傳的三民主義是以春秋攘夷大義詮釋民族主義，不僅反對滿清皇室一族的專制，更要反對列強帝國主義的霸道；其次是以孟子民爲貴、君爲輕的思想，詮釋民權主義，必須選賢與能，不以國家爲私有，才能實現天下爲公的理想；此外、並以禮運大同篇來詮釋民生主義，要使老者皆有所養，壯者皆有所用，幼者皆有所教。同時要發揮孔子的仁愛思想，墨子的兼愛精神，使知識日高，文明日進，建設良知良能的道德觀念，這樣就不會有強凌弱、衆暴寡的情事發生，由此即可達到安和樂利的民生社會的境界。

而北方先生最高的理想和終極目標，則是實現大同社會主義的理想，人人必須有高尙的思想和弘大的毅力與意志方可達成。張家甫於辛亥年在《民立報》撰寫的〈河南革命軍先導王人傑事略〉一文有云：

……陳夔隆撫豫，擬捕之，漢三稍蟄，旋游日本，及南洋群島。歸國攜照相器奔走四方，所至鼓吹社會主義，效力聿著。（註三十五）

可知北方先生對大同社會主義思想和理念的闡發，當是很早的事了。

當先生抵達馬來亞半島時，正當夏日，此地鄰近赤道，氣候炎熱，然富饒錫礦，盛產橡膠。先到新加坡，在此逗留一個多月，洞悉民情風俗，亦學會說流利的馬來土著話。而後轉往泰國首都曼谷，住在侯姓友人所設的報社裡，爲之撰文著論，以深入淺出的筆法，向華僑社會宣揚革命主義。

當時僑社人心普遍傾向革命，厭惡滿清顢頇專制，都願出力出錢，參加革命行動。而在這段居留泰國的半年時光，正是國內朝野要求清廷立憲的激烈時期，慈禧不敢公然拒絕，爲保全政權，便以敷衍拖拉的手法，下詔預備立憲，以緩和革命運動，然而卻毫無誠意，如此怎能順應時代潮流，眞正改變專制體制？當然只有使人心更趨向革命罷了。

第三節　歸豫革命

光緒三十四年春，中國同盟會河南分會會長曾昭文電請北方先生回國，參與發動河南的革命運動。因爲此時革命氣氛已瀰漫全國，呈現出一股不可抵擋的聲勢，而河南省地處中原腹地，控扼四方，一旦起事，當可策應全國，故急切需要幹練的同志，以迎接未來的新時勢，因而想到遠在南洋宣傳革命的北方先生。

曾昭文字可樓，河南省光山縣南九十里新集人。光緒二十九年以算學補弟子員，後由北京練兵處考選日本留學，參加興中會。三十一年成立的同盟會，爲策畫人之一，以是被豫省會員推舉爲同盟會河南分會會長。（註三十六）此人沈毅有膽識，負責豫省會務發展及入會主盟等事，另外分任各部幹事的有劉基炎、杜潛、劉積學等人，皆舊時盟友。

北方先生接電報後，決定返國，於是離開曼谷航海至越南海防，乘火車循滇越鐵路經河口至老街，越境入雲南河口鎮，間行間止，而至省垣昆明，沿途觀察此地農林茂密，礦產豐盈，乃以隨身攜帶之照相機攝入鏡頭，留供日後參考。在昆明休息數日，即東北行經馬隆、曲靖，過勝境關，入貴州盤縣、普安、平壩、清鎮，抵貴陽，一路上欣賞風土名勝，皆納入采風集中。

在貴陽盤桓二日，恰逢「趕場子」（趕集買東西），順便趁機會看熱鬧，增加見聞，這裡有很多仲家、青苗、花苗、……等土著夷人，又引起他很大的興趣，與之接觸，即研究起西南夷人的生活習慣和風俗民情來。由於他這種隨時隨地研究的習慣，使他的知識廣博又精深。

而後，又北越黔靈山，桐梓、夜郎、堯龍山，過觀音橋，進入四川省，經綦江直上重慶。重慶爲長江上游第一都市，道路四通八達，航運十分便利，形勢險要，堪稱軍事要隘，先生在此遊歷數日，然後改易姓名，乘船順長江直下川東，出三峽，經宜昌抵武漢三鎮，長途跋涉於滇、黔、川、鄂四省，而無絲毫畏難恐懼之心，可見其人刻苦耐勞、具堅强的毅力，有膽識，有勇氣，並且觀察力敏銳，由此已經顯現其個性超於常人。

先生繼續北走，離漢口經黃陂、黃安，進入河南境內，再由新集至光山縣城，與曾昭文、劉基炎（字莊甫，又字莊夫，光山縣人）會晤。此時回憶起自光緒二十九年秋亡命，飄流海外，至今去國五年，仍須隱姓埋名，眞是感慨萬千。昭文請他襄理會務，聯絡同志，深入豫西山區，往來臨汝、魯山、寶豐、郟縣、伊陽、宜陽、嵩縣等各縣，積極宣傳革命，預為佈置，以待時機而起義。

先生留住光山三年多，由於時移勢轉，豫省同盟會的重心漸移至開封，會員楊源懋、劉純仁便邀他來開封辦學，作為宣傳的根據地，並藉此掩護革命活動。楊字勉齋，偃師人，二十歲中進士；劉字粹軒，新蔡人，舉人出身。三人就在南關籌設「中州公學」，內置河南總會所，楊自任「總辦」（校長）、劉任「學監」（管理學生），北方先生因清廷仍通緝有案，乃以化名任「教習」（教員），另有楊緒震（字銘西、號漢光，息縣人）任會計兼修身教習；而以劉茂業（字鎮華、鞏縣人，秀才出身）任庶務，辦理雜務。

先生在中州公學一面教課，一面策畫會務，招收各縣會員，組織團隊，進行佈置，厚植革命潛力。而他雖在亡命期間，顛沛流離之際，與其好友劉錫治仍未曾中斷音訊往來，此時正需用人力，立刻函知他由甘肅秦州趕回豫省相助，以部署豫西各地會黨，準備策應即將到來的革命時機。

宣統元年（西元一九〇九年），清廷增設「軍諮府」（相當於參謀本部），施行中央集權，由攝政王載灃以監國名義，代宣統皇帝執行全國陸海軍大元帥的職權。同時爲緩和全國革命氣氛，於十月十五日命各省正式成立「諮議局」，而「諮議局」遂各派代表赴北京向都察院呈遞請願書，要求清廷早日召開國會宣佈立憲，然無結果。次年九月初一日，清廷亦成立「資政院」，開議後仍是提出要求立憲，載灃恐民意難以抑制，乃以拖延之計，宣稱五年內實行立憲，全國人心更爲失望，認爲「俟黃河之清」，將待何時？清廷安撫的效果未達成，反而增加負面的影響，革命情緒益爲高漲。

此時中國革命同盟會總理孫文奔走海外，募捐籌械，不遺餘力。爲充實革命戰鬥力量，壯大革命聲勢，乃由美國取道檀香山經日本東京，再至南洋檳榔嶼，召集黃興、趙聲、胡漢民……等重要幹部同志前來，會商今後發難的行動計畫。東南各省多派代表參加，日日集議，經慎重討論，決定先攻打廣州，利用香港地理上的方便，作爲奧援，趁此全國人心思動時機起義，將可收全功，然後北伐，先聲奪人，當可推翻專制政權。當時衆黨員都認爲餉械兩項缺乏，所以會後留黃興、胡漢民在南洋各地負責積極展開勸募籌款行動，所幸南洋各地僑社華人均踴躍慷慨解囊捐獻，竟募得捐款十餘萬元，大有助於廣州舉義。孫文仍赴美繼續籌款，俾革命軍之餉械無虞補給，以堅黨人鬥志。

宣統三年春，同盟會動員南洋、日本、國內各地菁英同志，分派任務，全力以赴，向廣州方面集中，決定三月下旬大舉攻打總督衙門。

北方先生當時奉中山先生派遣，赴日本接運槍械，未及運回，而三月二十九日（陽曆四月二十七日）廣州起義事起，不幸失敗，死難烈士七十二人葬於黃花岡，故又稱黃花岡之役。先生嘗對其長子俱塞、次子俱侗說：「那時我如果將槍運回廣州，參加起義，就要增加一個烈士，成爲七十三烈士了！」因爲他的身材高大，口音不同，一看就知是北方男兒，目標顯著，如果參加起義，一定很難倖免於難。

先生於歸途時路過保定，順便會晤舊知北洋陸軍第六鎭統制吳祿貞（字綬卿），相談甚歡，祿貞約先生積極聯絡中州豪傑，多方佈置，共謀大事，以成革命偉業。

先生遂入豫聯絡各方同志籌謀起義，往嵩靈山晤王天縱同志，指導革命策略，告以廣州起義之士皆同盟會菁英，且巴蜀民情憤慨，武漢新軍躍躍欲動，天下人心思變，正可擐甲以待，共赴時難，屆時由其糾率一方猛士，揮戈北趨洛陽、下孟津，渡河朔，馳燕趙，與吳祿貞約好率其第六鎮迎會我軍，另與山西太原第四十三混成協（旅）第八十六標（團）標統閻錫山亦有約定，相與呼應，合軍直搗北京，民國即可建立。王天縱素極尊重敬仰北方先生，對他指示的方略自是遵照行事。

吳祿貞是湖北省德安府雲夢縣人，日本陸軍士官學校中國學生隊第一期騎兵科畢業，傾向革命，於光緒二十四年加入興中會。宣統三年十一月七日，因積極策畫武裝起義，不幸被袁世凱指使的爪牙所殺害。

王天縱是河南嵩縣東北鳴皋鎮人，原名天同，武昌起義後易名天從、又名天縱，字旭九，為人豪俠，世稱「中州大俠」，與李永奎、張平、金恆超、魯景博、孫官、陶福榮（芙蓉）、柴雲陞、關福恩、憨玉琨等人，結為「十大弟兄」，皆地方豪富，各擁有自衛武力，守望相助，保衛地方。十弟兄又以地區分為東西兩派，首領各為王天同（老六）、關福恩（老九），惜於宣統二年發生內訌，老六除掉老九，十弟兄遂告分裂，時常尋釁火拼。時駐汴同盟會曾昭文、楊源懋和北方先生，以及嵩縣之石言（字又謇）、蔣峨（字我山）、龐文中（註三十七）等人出面調和，曉以大義，說以利害，最後王天縱由北方先生說服，雙方才又和好如初。嗣後北方先生因另有聯合軍界之新任務，乃由劉純仁、劉茂業繼續專責活動，組成河南民軍起義羊山寨，佔領嵩縣城。

羊山即嵩靈山，在嵩縣西北約百十里，三面峭壁，無路可通，一面坡度較小，但溝壁橫亙，僅有羊腸小道可達山上。山頂漫平，土石均有，王天縱於其上築寨建屋，屯駐二、三百人，有槍二百餘枝，故名為「羊山寨」。

註三十二：提學使簡稱提學，舊為提督學政，掌一省學校士習文風之政令，由進士出身之侍郎京堂翰林詹事科道等官任之，三年一任。

註三十三：托木斯克城在俄國西伯利亞鄂畢河上游，有西伯利亞鐵路支線接幹線，貿易繁盛，爲西伯利亞第三大都會。

註三十四：按此幅照片，係其少子王琥由哈爾濱寄來，頗爲珍貴。

註三十五：張家甫，前引文，辛亥年十一月二十六日《民立報》。

註三十六：曾昭文事蹟參見馮自由，〈河南志士與革命運動〉，《革命逸史》，頁一八一。以及《光山縣志約稿》〈仕賢篇〉：「曾昭文……與黃興深相契，辛亥武昌起義，從黃興守漢陽，充前敵總指揮，…復從黃興到南京充軍需局局長。南北統一，袁世凱任臨時總統，昭文隨中山入京，授陸軍少將。民國元年、同盟會改組爲國民黨，…各省組織國民黨，河南推昭文爲黨魁。二次革命，昭文患病，就醫天津，袁氏以其爲河南黨魁，嚴加防範，等於監禁，後以抑鬱而歿，卒年三十。」

註三十七：字少淹，嵩縣秀才，後曾任第一屆國民大會代表，常與痴老（王天從先生）談王北方與王天縱及嵩縣往事，歿於民國六十三年。其子龐秀夫和痴老同爲北方先生及門弟子，抗日軍興，同役第一戰區自衛軍：龐氏任第二路第二大隊長，王氏任第三路第三大隊長。龐於三十二年陣亡於西平縣潘村。

第六章　河南革命軍先導

第一節　發難孟洛

北方先生至嵩靈山與王天縱共謀大事，既定之後，乃北走宜陽，經洛陽，會晤故舊，稍作勾留，而後返回開封南關「中州公學」。而公學校長楊勉齋以時勢日亟，特請先生聯合軍界，以便於中州起事。

「中州公學」校址對面是營房，俗稱「演武廳」，駐有河南陸軍第九混成協協部。由於學校與協部相距頗近，先生等諸黨人和營弁兵士朝夕經常相遇，彼此亦逐漸熟識，進而與其協統應龍翔亦相識。龍翔字雲從，湖北漢陽人，日本士官學校第三期步兵科畢業，和吳祿貞之弟祜貞係同期同科同隊同學，亦是駐武昌清軍第二十一混成協協統黎元洪之表弟。

先生經由吳祿貞之函介，得與應協統相見。應氏與北方先生接談時極為禮貌，看來是個頭腦清晰的人，先生乃曉之以大義，勸他應當認清時代，順應潮流，乘時高舉義旗獨立，以為天下先，而後再傳檄於各地，豪傑將聞風奮起，相率景從。龍翔聽後，表面佯作不解，實則內心也很傾向革命，但表示需慎重考慮。不料此時河南巡撫寶棻發覺有異狀，怕生變故，乃將應氏誘至府署，予以扣留解職。於是偵騎四出，對先生等人極為注意，情況頗為不利。先生乃化裝西走，至宜陽會晤豪士趙長榮，而後至鳴皋鎮會王天縱，於嵩靈山中商議佈置，組成民軍二千餘人，準備大舉發難，計畫攻取洛陽。

商妥之後，北方先生即往魯山、寶豐、汝州，聯絡豪俠及科名之士，約期響應，（註三十八）嗣又夤夜北至洛陽，聯合軍隊，與調駐洛陽之第九混成協的下級軍官王普、岳屹、黎恭等約定，民軍來攻時，作為聲援內應，而後佔領全城，宣佈獨立，以阻塞豫陝孔道。

正當此時，先生聞知武昌新軍起義，乃遄返孟津縣城，往說縣令蕭廷彬，勸其據城獨立。蕭縣令於倉皇驚懼中，急忙取縣印捧付先生，先生笑其太懦弱無遠見，拒接縣印而離去，遂於孟津縣城南二里之神州坡組織革命軍，旋因距縣城太近，目標過於顯露，又遷至城東二十里之白雲觀，（註三十九）自任司令，每日排練演習，準備攻取洛陽，（註四十）以響應武漢的革命軍行動。

洛陽河南府知府啓綏聞訊，懸賞銀洋三千圓，通令緝拿王人傑（北方）。由於追捕甚急，先生又轉至孟津縣城西鄉與新安縣境交界山區之妯娌村（今孟津縣煤窯鄉竹里村），與農民趙儒等四十餘人組織起義軍（敢死隊），不幸被清廷偵悉，大部份被捕而慘遭殺害，其餘皆外逃。（註四十一）先是北方先生約張黑子於十月初一日（陽曆十一月二十一日）會攻洛陽城，卻因誤期未到，以致造成妯娌村敢死隊被清吏捕殺之事件。至十三日、張黑子始率眾圍攻洛陽城，擬襲擊孟津，與北方先生會師，亦未成功。數天前，起義軍放言王天縱要來打洛陽，由於訛傳之故，上海「民立報」誤刊爲「王天縱打洛陽」，因此掩沒了張黑子之名。張黑子出身草莽，爲洛陽城南二十五里河南街人，係後來鎮嵩軍部將張治公之叔。

起義孟津之事敗，北方先生潛回城內，藏匿在其妹丈王維岳家的屋棚上多天。

因爲王家爲孟津名宦王鐸的後裔，世代望族，當地官吏未便搜查，始逃過一劫。先生爲避免近處走漏風聲，即僱邙南寺女碑村岳姓轎車，（註四十二）伏身藏匿車下底板，潛離孟津縣境，逕往洛陽籌謀獨立之事。

北方先生原已遍約同志於洛陽定期舉事，而洛陽以西各縣及河南府亦皆準備響應，並與第九混成協的下級軍官王普、岳屹等已計畫聲援，不料佈置尚未就緒，而王普（字慈生，安徽阜陽人，武備學堂出身）（註四十三）之砲隊卻奉命他調，開往南方平亂，劉覺民又遠在關中，不能即至，一時甚感無力爲繼。詎料事機爲洛陽人劉某所洩，河南府知府啓綏，和洛陽縣知縣陶炯照，（註四十四）貪夜閉城，大事搜索，危險萬分，先生急與王麗之同志由東南城隅逃走，死難的同志多達數十人。當時上海「民立報」〈河南失敗痛史〉一文有如下的敘述：

……彼僞河南府知府滿奴啓綏、僞洛陽縣知縣陶炯照，斬首三十餘級，懸掛府城南門，此人所共見共知者也。（註四十五）

而北方先生因無辮髮，次日、就在洛河南岸李村附近，為劣紳某某等嗾使民團加以圍捕，正在危急之時，幸而有金殿卿同志隨帶打雁者十餘人馳至解圍，先生與王麗之同志，始得以脫險。乃再向西南行，因無法渡伊河，乃迴轉北走。然而先生此次所經過之村莊，多被此一劣紳所檢舉密告，被株連者頗多。茲以辛亥年十一月十四日、上海《民立報》的有關報導為證，可見一斑：

自武漢起義，各省獨立以來，酷吏貪官誅戮逃遁，四萬萬同胞出水火而慶來蘇者，以居十分之六五。唯河南尚懾伏蜷曲於滿清政府之下，芸芸群生，日受貪暴官吏之屠割，而無從赴愬。偽河南府啓綏，平日昏庸貪鄙，劣跡已不堪殫述，因誤生疑成忌，預存漢人排滿之謬見，遂肆行其以滿殺漢之惡劇。偽洛陽令陶炯照，尤河南酷吏之魁，乘此機會，大逞屠殺手段，以獻媚長官，冀得一遂其升官發財之私願。就最近調查所及，其尤慘無人理，令人髮指者，約有數端：

一、該守令既大發淫威，則其兵役更多方敲詐，遇有家資殷實而素行良懦者，率硬指爲窩主，恣其掠奪。有金生炳光者，累世讀書，家資充裕，該守令聽信仇家之扳誣，於本月十七日下午，竟以兵圍其宅。適金生客遊未返，乃下令大索，田產抄沒，居室查封，搜刮所有，一無留存，且並逮其弱弟，欲加駢誅，經眾紳耆緩頰，始准從輕監禁。是案戚黨故舊遭牽連者，不下十餘家，而徐蔡兩姓爲尤慘云。

一、鄉人李魁元者，老學究也，案置〈飲冰集〉自由書一冊，被陶令隊勇錢得勝瞥見，即指爲革命黨，大肆咆哮，經里人排解，賄以銅錢一千五百枚，始允免死。噫！以保皇黨之著述，指爲革命黨之確據，羅織之密，已可想見。

一、飭令陶之縣捕赴洛南巡杙，該捕至李家樓村，任意捕拿平民二十一人，當場格斃，歸上首功，其姓名尚未查悉，而事實則已確證不誣。

……（註四十六）

以上所節錄之片段消息，即北方先生所經過的村莊，其同志友人之家舍，均遭牽連殺害，亦可見清吏殘暴酷虐百姓，令人痛恨。洛陽民謠有云：「破家知縣陶炯照，滅門知府滿啓綏」，足見二人荼毒百姓，殘害黨人，不知造成多少破家滅門的慘劇，尤陶炯照血債累累，未幾、見清廷頹勢不支，便棄印潛逃。

此次先生在孟津、洛陽籌謀聯絡軍界革命，獨立舉義，惜因事機洩漏，以致功敗垂成，僅以身免，乃復至伊洛間參與策動王天縱軍事，以圖進取。先生在豫省到處奔走，鼓吹革命，聯絡起義，可稱之爲「河南省革命軍先導」而無愧。河南諮議局（註十七）之張家甫於孟洛起義事後不久，撰文略述北方先生生平及革命事蹟，並於文末贊曰：

余長漢三八歲，共筆硯者兩年，知其倜儻負奇節，迺果能出其熱心毅力，百拒不撓，爲吾豫革命軍先導，亦云偉矣！使其得假寸柄，從容佈置，安見大河南北，不與武漢同時光復也？（註四十八）

以張家甫與北方先生同鄉同學之密切關係，且對北方先生事蹟瞭解甚深，當時即以「河南革命軍先導」稱之，並以「偉矣」讚美他，由此可見北方先生在河南暗中奔走聯絡，起義革命的事蹟，在當時豫省河洛一帶，早爲鄉里所聞知，實爲難能可貴。

第二節　夜略垣曲

辛亥武昌起義，各地紛起響應，革命聲勢日漸擴大，有如暴雷驟雨一般，大局急轉直下，民心已去，士氣瓦解，滿清皇朝的命運瀕臨絕境，攝政王載灃在無可奈何中，辭去攝政王的職位，回歸府邸，乃以袁世凱爲內閣總理大臣，袁氏則任意玩弄孤兒寡婦於其股掌之上，清帝遜位已是指顧間的事，處境可謂悽慘。

北方先生籌謀於孟津、洛陽起義獨立不成，並未就此放棄，擬去伊洛會合王天縱，按照原訂計畫，先取洛陽，再渡河北走，由太行山入直隸，與吳祿貞會師，共搗北京都城。然而因無船可渡伊河，遂隻身由新安縣北之狂口鎮北渡黃河，徒步越太行山進入山西，至太谷縣遇見公孫長子、吳慧之、徐幼行、吳亦魯等諸同志，始獲悉吳祿貞因圖謀與閻錫山組成燕晉聯軍，直取北京，不幸事洩，於九月十七日（陽曆十一月七日）凌晨在石家莊火車站被人刺殺身亡。獲悉好友遇難，北方先生甚為感傷，然仍繼續奮力於革命之事。

吳祿貞既遇害，清廷亟調第三鎮（曹錕）由正太鐵路進攻山西，於十月二十三日破娘子關。先生頗覺懊喪，乃與諸同志分手，逕往太谷縣城東二里東關楊家莊孟氏別墅之「銘賢學堂」，在此暫住幾天。

「銘賢學堂」是黨人孔祥熙（字容之、後改庸之）以基督教公理會教徒名義創辦的，中小學合校，以其妹孔祥貞任校長。先生與孔祥熙是同歲的同志，所以祥貞呼先生為兄，且深知先生為革命才子，非常景慕，特別熱心招待。臨走時，祥貞又送他一匹老馬，供他坐騎，並贈十塊銀圓做為盤纏，另外準備十多個燒餅，以為途中充飢之用，還介紹一位陳姓老教徒為嚮導往洪洞縣而去。臨行再三叮嚀小心風寒，互道珍重，後會有期。如此殷勤照顧，慰藉情深，又贈馬餽金，使先生頗爲感念，難忘這一段風雪漫天的情緣。

此時、山西天氣非常寒冷，風雪阻道，先生經過介休縣，聞知自太原南行的同志甚多，且遇敢死隊數人自娘子關來，遂與之相偕同行，於十一月初一日（陽曆十二月二十日）至洪洞縣，乃囑咐陳姓老教徒回太谷縣，並代向祥貞女士報告一路平安，請放寬心。同日、又有溫壽泉等一批人到洪洞。原來他們是在娘子關失守後，以清軍西逼太原，來勢凶猛，山西都督閻錫山遂於十月二十六日（陽曆十二月十六日）北走綏遠，副都督溫壽泉南走晉南。溫壽泉字靜庵，洪洞縣人，日本士官學校中國學生隊第六期砲兵科畢業，與閻爲同學。於是先生得以在此會晤同志好友王用賓（字太瑞、後改太蕤、猗氏縣人）、景定成（字枚九、一作梅九，安邑人）、喬義生（字宜齋，臨汾人）、楊虔甫、李岐山、張石生等人，都是山西人，衆人聚而暢談前途計畫，會商今後合作行動。經會議討論後，仍推溫壽泉爲山西軍政副都督，當即整合了二千餘人。次日，即與平陽鎮總兵謝有功交戰，而後繞道襄陵、稷山、河津、萬泉、運城等地，以便與陝西民軍聯絡。十一月初五日，抵太平縣北的古城鎮，時有駐太平縣（汾城縣）之清軍巡防隊陳正詩部前來截擊，略與之戰鬥，即向西進，經稷山至河津，渡汾河，趨萬泉，急攻運城，收復河東諸縣。

十一月十四日（民國元年陽曆一月二日），設軍政府於運城，乃派員聯絡陝西民軍，未至，而秦軍東路節度使陳樹藩（字伯生，陝西安康人，保定通國陸軍速成學堂畢業）已先來運城。雙方會議後，聞知清軍派第二鎮王占元自保定南下打武漢，克漢口，而後北上河南西攻潼關，毅軍翼長（武衛左軍後路統領）趙倜由茅津渡（山西平陸縣東、黃河北岸）、及垣曲等處攻河東，頓時情況緊急，眾人乃推北方先生為司令，率領一營人於夜半佔領垣曲，據城守備。

是日下午，清軍第二鎮（註四十九）第三協第五標的一營管帶（營長）孫傳芳已進駐黃河南岸的南村，一衣帶水，與垣曲相距僅二里許。時值嚴冬，水面變窄，翌晨雙方互擊約五小時。先生與孫傳芳（註五十）平素原已相識，獲知對方是孫傳芳軍後，即僱一漁人持信渡河遞交，密問其來意，孫即邀請先生速過河來相晤，因當時清廷已宣佈停戰議和。先生遂至南岸一破廟，即孫之臨時營部，與孫傳芳相晤。二人寒暄過後，相偕赴澠池縣城，會見新升任統制官王占元。（註五十一）據其云，袁內閣已就職，停戰電無人送達陝軍，請北方先生速往轉知，雙方議和，兩軍停戰。先生即持電報繞道運城赴西安，而趙倜（註五十二）已攻破茅津渡，運城諸同志星散，先生急於各處尋覓，至深夜，眾人始得聚集在陸家巷的基督教福音堂開會，決議由先生和景梅九、李岐山、楊虔甫同往陝西，轉達停戰議和的電報。

第三節　停戰議和

此時、陝西軍政府都督張鳳翽（字翔初，陝西咸陽人，日本陸軍士官學校第六期騎兵科畢業），和東路征討大都督張鈁（字伯英、河南新安縣人，通國陸軍速成學堂砲兵科畢業）等黨人正在華陰分頭開會，商議如何防堵清軍的策略。因趙倜和周符麟（第六鎮第十二協協統）已於陰曆十月二十日攻下潼關，陝軍就在潼關附近、華陰以東對峙。北方先生等一行四人適於此時到來，立即出示印出的停戰電報，並將所攜湖北省軍政府之軍旗展示眾人。陝西軍政府當即命裁縫匠人仿製，通令懸掛，各同志無不面露喜色，一方面也表示慶祝元旦之意，亦即陰曆正月初一日，陽曆二月十八日。趙倜、周符麟等即設筵於潼關，邀民軍黨人赴會，然陳樹藩仍頗為疑慮，經北方先生往返觀察解釋，雙方才握手歡宴。兩軍停戰，南北議和成功，清帝退位，民國共和，眾人皆心情開朗，盡歡而散。先生以任務完成，遄返運城覆命。

當時袁世凱亦於中華民國元年三月十日在北京就任第二任臨時大總統職，嗣即電令各軍派代表來京參加軍界統一會，共同討論議定妥善處理戰後問題的計畫方案。按「軍界統一會」先是於二月由在北京的袁系將領傅良佐、唐在禮、王賡、劉洵、靳雲鶚、廖宇春、陸錦、張士鈺、王丕煥、李士銳、殷啓勳、方咸武、王汝勤、王繼成、蔡成勳、陳文運等，發起組織「南北軍界統一聯合會」，通電文中有云：

……此次人民要求共和，處處依賴軍隊之力，以南軍種其因，以北軍結其果，所謂武裝解決，由專制時代一變而為共和時代，誠數千年未有之偉舉，億萬同胞之幸福。且共和不日頒佈，南北公舉臨時大總統，組織臨時新政府，內政外交，萬端待舉。吾軍界同仁自應振刷精神，首先提倡化除私見，輔助統一之大總統，組織一勁強完全之新政府，鞏立於環球之上，為最有勢力之中華民國。……擬俟軍隊統一聯合會成立後，再行由兩方將校討論詳細條件、及軍法草案，呈由統一政府決定後，有不遵行者，當認為文明軍隊之公敵，實於中國共和前途大有裨益。……（註五十三）

當時副總統兼鄂督黎元洪首先表示贊同，並列舉湖北各軍將校一致具名參加，計為楊開甲、程守箴、應龍翔、吳兆麟、孫武、蔡濟民、杜錫鈞、李烈鈞、趙恆惕、耿毅、張廷輔、寶鈞、黎天才、鄧玉麟、姜明經、熊秉坤……等人，多爲辛亥首義元勳。

北方先生受推爲山西軍代表，往北京參加會議，共同商榷善後辦法。於道經洛陽途中，遇見薛篤弼（字子良、山西解縣人，山西法政學堂畢業），始得知劉覺民在陝西三原附近被清軍俘執，乃電請周符麟、趙倜設法援救。當時西安音訊遲緩，以致劉覺民於五月上旬始以遞解方式東行至新安，押解差役因爲知道清廷已倒，害怕革命黨人報復，便於中途逃走，覺民乃得自由回到鞏縣北山口家鄉。

由北方先生參與革命活動的過程中，可以看出他每當於關鍵時刻，總是能當機立斷，冒險犯難，以引導風氣，創造時勢，或折衝樽俎，或剖析疑慮，確實能發生改變歷史的微妙功效，這也正是他行事異於常人之處。

註三十八：竇豐大營街秀才季殿士曾對痴老敘述此段往事，並說北方先生是他的黨魁。

註三十九：據《孟津縣志》卷三〈建置〉載：白雲觀、二峰襟環，層巒出於天表，最爲幽奇之勝境。相傳唐朝宗室之女在此修眞，上有皇姑塚。

註四　十：陸衣波，〈王北方先生事蹟〉，孟津縣政協文史資料委員會，頁六十。

註四十一：同註三十四。

註四十二：按舊時轎車，亦稱騾車，又叫馬車，是專人乘坐的交通工具，車形如轎，人趺坐其中，頗爲舒服，具有兩輪，車前兩旁施以兩轅，以一騾或一馬駕之挽行，由轎夫御之，既便捷，又可避免路途風塵僕僕和日曬雨淋之苦，舊時北方各省男婦出門或遠行，有錢人家多使用這種交通工具。

註四十三：王普後於民國六年任安武軍統領，嗣改任安徽陸軍第三混成旅旅長、將軍府瑞威將軍；十四年、仍以旅長兼安徽省長；國民革命軍北伐，北方先生曾囑其於適當時機響應。十六年春、因受北方先生影響，與革命軍合作，任國民革命軍第二十七軍軍長，以減輕革命軍進攻浙江之側背威脅。而後皖軍總司令陳調元亦經蔣作賓接洽，歸順革命軍。

註四十四：陶炯照字月舸，湖北黃岡縣人，家境清苦，性陰黠狡詐，善逢迎阿諛，故能以拔貢混入官場。光緒二十八年分發河南候補知縣，宣統二年調署洛陽知縣，賄賂公行，擾民有餘，政績毫無可述。武昌舉義，仍顢頇與革命爲敵，施展屠殺手段，洛人烈士良民被害者皆難忘此舊恨。後見清室不保，懼洛人報仇，棄城逃回湖北潛匿。

註四十五：見辛亥年十一月二十六日之上海《民立報》，第一頁。

註四十六：〈汴洛之愁雲慘霧〉，上海《民立報》，一九一二年一月二日，第四頁。

註四十七：當時河南諮議局議長爲杜岩，副議長楊凌閣，由於同情革命黨人，爲河南巡撫齊耀琳上奏，奉内閣十一月效（十九）日電，予以解散。

註四十八：張家甫，〈河南革命軍先導王人傑事略〉，上海《民立報》，辛亥年十一月廿六日，第七頁。

註四十九：袁世凱調陸軍第二鎮一部自漢口增援第六鎮第一協（周符麟）和增派毅軍（趙倜）巡防營二十營，共二萬餘人，西攻潼關，北堵晉南，至民國元年二月十九日，王占元部始開回鄭州。

註五　十：孫傳芳，字馨遠，山東泰安縣人，清末保定「通國陸軍速成學堂」畢業，後選送日本陸軍士官學校中國學生隊第六期步兵科，加入中國同盟會，於光緒三十四年九月畢業回國，清廷賞給步兵科舉人，派北洋第二鎮任隊職官。民國後，歷任第二師第六團團長、第六旅旅長；第二十一混成旅旅長；第二師、第十八師師長；長江上游總司令，蘇浙皖閩贛五省聯軍總司令、兼第三軍總司令、安國軍副司令等職。

註五十一：王占元字子春，山東冠縣人，早歲入淮軍劉銘傳部當兵，天津北洋武備學堂第一期畢業，入宋慶毅軍，參加中日甲午戰爭，歷任新建陸軍工程營隊官，北洋陸軍第二鎮步隊第三協統領官（簡稱協統）。宣統三年、授陸軍協都統銜（陸軍少將銜）；武昌起義，攻佔漢口，升任第二鎮統制官，並授陸軍副都統銜。十二月、與清軍將領等聯名通電請清帝退位。時袁世凱總理清廷內閣，因趙倜、周符麟困頓潼關，孤軍待援，乃急檄以王部接應，嚴堵晉豫通道，因南北和議成，未幾，即歸建制。

註五十二：趙倜原名金生，字周人，河南汝南人。幼讀私塾，曾在城內藥鋪當學徒。光緒十六年、入馬玉崑部任文書，後升爲馬隊管帶，歷任武衛左軍馬隊統領、及後路統領。武昌起義，奉令率兵五營進駐豫西，與民軍激戰，攻佔潼關，時任毅軍右路統領。

註五十三：上海《民立報》第四七五號，民國元年二月四日。

第七章　功成身退

第一節　不慊袁意

北方先生至北京，由袁世凱親自接見，優禮相待，特任他爲公府（大總統府）高等軍事顧問，官階爲陸軍少將，名爲崇隆辛亥首義革命黨人，實則寓有安撫籠絡之意。

民國元年八月初，有參加武昌起義的黨人張振武（前湖北軍政府軍務部長）、方維（前湖北將校團長），於十日由湖北來到北京，晉見袁世凱，商討調查蒙古邊務事情，並建議如何安排處理辦法。由於副總統黎元洪與張、方兩人有積怨，欲假袁手除之，乃於十一日電袁，說張振武怙權結黨，心懷不滿，蓄意搗亂鬧事，方維亦屬同類相濟，請一併予以正法處決，以昭炯戒。袁氏即時命令北京步兵統領、京畿軍政執法處總長陸建章，於十五日夜十時許，派兵分別拘捕二人，解交外城軍政執法南局，未經合法審判，即於午夜一時，執行槍決。消息傳出，輿論嘩然。

先生以張、方兩人爲辛亥革命武昌首義功勳黨人，卒然將之拘捕，並非法殺害，令人痛心不已，如此法律何在？何以服天下之人心？民國前途實堪憂慮！乃質問於公府，言語間忤違袁氏，不愜袁意，所以北方先生對於新任命之察哈爾內蒙古軍事新職——騎兵游擊支隊少將司令（支隊長），遲緩其內蒙之行，而袁氏遂對之日益猜疑。

關於蒙古邊疆問題，原來外蒙古活佛哲布尊丹巴「呼圖克圖」（註五十五）在庫倫聽說武昌起事，便蠢蠢欲動，又受到俄人的煽惑誘唆，遂乘著革命動亂的時機，於辛亥年十月十一日（西元一九一一年十二月一日）宣佈獨立，至十一月初九日（十二月二十八日），僭號稱帝，行登極禮，稱「大蒙帝國」，年號「共戴」，幕後爲俄人操縱，係一傀儡政權。影響所及，內蒙古察哈爾八旗，亦於民國元年元月表示不承認共和（民國）。袁世凱當時委派若干「蒙古調查員」，並任北方先生和王燦章同志以軍職新命，赴綏遠、察哈爾從事平亂。嗣後、袁氏又於九月五日密令陸軍部總長段祺瑞，籌備征勦蒙古軍務。因此促請先生和王燦章（官階中將）就任軍職至綏遠，將北進察哈爾征勦，以綏靖邊務。

由於北方先生的直言，不順袁意，又不肯應命前往綏遠，適有袁之嫡系中央第五師師長靳雲鵬，（註五十六）因與北方先生私交頗善，暗中告知袁氏對其不滿之意。至此先生始深感數十年奔馳革命，身心備覺疲憊，亟需休息，況且專制推翻，共和告成，初願已經實現，正應功成身退，悠游自在，無罣無礙，乃辭去軍職，急流勇退，此後則以「北方」爲名行世，而隱其本名。語云：「狂者進取，狷者有所不爲，不亦君子乎！」先生確是一位耿直自守，不與人苟和的狷介之士。

再說中國同盟會於民國成立之後，由秘密的排滿組織轉變爲公開的政黨活動，雖然黨員大爲增加，但是意見卻很冗雜分歧，所以志行高尙的賢士，多愛惜名譽而遠離，其政見不合的就另樹旗幟，如章炳麟（太炎）自組「中華民國聯合會」，和同盟會分離；另有藍天蔚、孫武、張伯烈、劉成禺、甯調元等組成「民社」，爲擁護黎元洪的湖北派政團，以法國盧梭的「民約論」人權平等爲根本主義，以後又和「統一黨」及其他政團合組「共和黨」，均和「同盟會」相抗衡。宋教仁有鑑於此，乃聯合「統一共和黨」、「國民共進會」、「國民公黨」「共和促進會」……等改組爲「國民黨」，推孫文爲理事長，由宋教仁代理，此即國民黨成立的由來。

當時有原同盟會會員、國會衆議院議員凌鉞，爲北方先生好友，希望先生加入國民黨，由他做介紹人，就在北京入黨，黨證爲「漢字〇二〇〇二號」。國民黨爲加强正式國會議員競選力量，以達成政黨政治之目的，遂廣招黨員，不問素質好壞，只講利害的結合，既無道義，亦無理想，蕪穢囂張，黨員份子更形複雜，先生見此情況，已料到未來必將釀成擾攘的變局，乃出京返回河南作逸隱之計。

第二節　寓志於教

北方先生早年出身科舉考試，深感滿清政府以科舉取士的方法，害盡所有中國的知識份子，不是死讀書，就是讀死書，既無益於個人技能及知識的增進，更無益於國計民生，導致民智蔽塞，思想落伍，甚至鬧出義和團之亂的大悲劇。當世界各國正汲汲於走向現代化時，國人尚停滯於中古時期，遠遠落於人後而不自知，優勝劣敗，物競天擇，可不懼乎？此乃中國之大不幸，若長此下去而不亡國是無天理！所以先生立志要以教育救國，由基礎的知識和身心發展著手，使國民形成正確的思想品德，達到己立立人、己達達人的境界，如此國家自然可以振興強盛起來。因此他從北京回豫省孟津家鄉後不久，就先任教於高等學堂，從基礎教育做起，開始他的教育生涯。

不久，北方先生即和美籍友人施愛理牧師籌設「濟汴學校」於開封，一面預備專研農學。

施愛理博士是美國南浸禮會基督教會牧師，他對北方先生的學識道德、思想和志趣，都十分欽佩，因此堅邀先生到開封，就住在他家裡，計畫創辦學校，名稱爲「濟汴學堂」，意爲濟助補益河南省的教育。汴是河南省的簡稱。「濟汴學堂」原係預備專門研究農學的學校，校址設在南關（靠近飛機場）的教會裡面，幾棟紅洋樓，頗具氣派，極具林園花木之盛，後來改稱「濟汴中學」。迨至民國二十三年、移歸國人辦理，後遷至城內西北，由於四年制改制，乃含高級、初級中學兩部制，在私立學校中可算歷史悠久，規模完善，樹立良好新穎的教育風氣。

該校由施愛理任校長，北方先生則協助校務，並教授國文，以新思想新理念，對受教學生的身心發展，施以新的教育，以形成愛國愛人的思想品德，所以很得學生的尊敬和信仰。癡老就是當年高中部的學生，而爲北方先生所喜愛。

北方先生原來沒有學過英文，在一個月的暑假期內，他開始學習英文，開學後，就能登台講授，朗朗成誦，爲學生所佩服，先生之才華過人，可見一斑。其他如日語、俄語、泰國語、南洋馬來半島土著語各種語言，他都學得很快，而且嫻熟，可知他具有語言方面的天才。

此外先生又應聘在「河南留學歐美預備學堂」，兼授史地課，同樣深獲學生的敬愛，可謂門牆桃李，遍及中原。

「河南留學歐美預備學堂」位於開封城內東北隅貢院舊址，座北向南，頗為寬敞，與河南省議會鄰接，後面是有名的鐵塔，係一座十三層的琉璃塔。於民國元年九月設立，為五年制，仿照北京清華學校辦理，相當於後來之高級中學或專科學校，畢業後，可以資送去外國大學進修，以便學成歸來報效國家。民國十二年三月，改制為河南大學。

北方先生本著良知教學，誨人不倦，尤其重視啓發思想。凡是受過他教課的學生，都知道他很注意培植民族意識、灌輸國家觀念，以激發愛國家愛民族的精神。所以凡是他教過的學生大都頗有成就。例如畢業於預校的學生朱光彩，是一位有名的水利專家，至老不忘當年的「王北方老師」，他談起當時北方先生曾講到反對袁世凱承認日本二十一條要求，認為是亡國條件，乃是最大的國恥，就對

（德文班）學生說：「你們用功學習外文，將來可作爲高等亡國奴。」一，（註五十七）全班學生聽後，無不憤慨，悲痛異常，甚至有涕泗交流的，無形中凝結成反袁仇日的意志和力量。可以想見北方先生的强烈的國家觀念民族意識，以及至性眞情感人之深。這位癡老的同門學長，抗日戰爭後不僅在黃河堵口時當花園口堵口工程局長，對黃河堵口，厥功至偉，其對台灣水利建設方面也貢獻頗大。

第三節　佈置西北

袁世凱於民國二年夏，由於大借款成功，軍事準備就緒，即於五月三日通令嚴捕所謂圖謀內亂的黨徒，欲以武力實現其政治野心，而於六月九日、十四日、三十日，分別免除國民黨籍江西李烈鈞、廣東胡漢民、安徽柏文蔚三都督職務，於是迫使國民黨掀起「二次革命」。李烈鈞於七月十二日在江西湖口舉兵發難，南京、上海、安徽、廣東各地相繼響應，然而至九月十二日，各地革命次第全歸失敗。

當二次革命期間，即這年八月八日（陰曆七月初七日）立秋，劉覺民曾至開封探視北方先生，詳談國事前途，憂心如焚。覺民因留處秦隴多年，與辛亥起義諸黨人同志皆很熟稔，堅持約先生同往準備響應二次革命工作。先生對於覺民志氣豪邁，頗覺欣喜，於是勸他先行獨自前往。而覺民果然與秦晉間的賢俊志士，密切往來，如續桐溪（字西峰、號寒泉，山西崞縣人）、王用賓、焦希孟（字易堂、陝西武功人）、李岐山、胡景翼（字笠僧、陝西富平人）、樊鍾秀、鄧瑜（字寶珊、甘肅天水人）諸同志，相交甚深，契合無間，並得以常聞先進黨人言論，以是學識增進甚多，誠所謂「士別三日，刮目相看」。再者，二次革命迅起卻不旋踵又歸失敗，袁世凱於十一月以國民黨爲「亂黨」，開除國民黨籍議員資格。民國三年一月九日通令嚴厲禁止哥老會活動，並嚴拿陝西革命黨人，一時秦晉黨人潛走四野。

當時有河南豪帥白閬（原名永成，字朗齋，河南寶豐縣人，官文書號曰「白狼」）反袁聲勢浩大，北方先生曾遣介革命黨人於其中，為之策畫。白閬於一月十一日攻陷豫南光山，而後迭破潢川、羅山，連下商城、固始，並東進皖北，略六安、霍山，回走鄂省，掠隨縣萬家店、厲山店等處。三月間又焚老河口，入光化縣城，西進荆紫關，守關巡防隊十三營全部叛變，附入白閬軍中，鳳翔縣叛兵亦多加入，各處盜匪聞風歸附，遙為呼應，黨人更是多與通款，期為利用。白狼繼於四月二日，由商南、山陽、藍關陷孝義，擬攻西安，一時關中震動。

四月十六日，袁世凱改調其京畿軍政執法處總長陸建章為北洋陸軍第七師師長，嗣又令其率師督辦西路剿匪軍事，藉機入陝平亂，兼以壓制陝西黨人活動。陸建章挾强勢兵力署理陝西都督，原陝都黨人張鳳翽則調京任將軍府陸軍中將「揚威將軍」，羈縻了事。陸建章據有陝省，日以捕誅黨人為能事，劉覺民不幸被捕，北方先生聞悉，急以電報告知其友，時任漢中道尹程克（字仲漁，開封人），就近竭力營救。陸本性殘酷，素有「屠戶」之稱，以烙紅鐵鍊，使覺民跪於其上，一時血肉煙起，覺民仍堅忍創痛，雖受百般刑訊，終無所供。而後又於槍斃犯人時，令覺民與死者相並而立，覺民亦毫不畏縮，可算英雄好漢！

民國五年五月初旬，陝西將軍陸建章（時已廢都督，改稱將軍）偵知陝北鎭守使陳樹藩有異謀，乃遣其子陸承武（名紹文，外號大痲子，日本士官七期步兵科畢業），時任陝西第一旅旅長，進駐三原，以爲防備，詎料他邀功心切，直逼富平，和陳部（陝西第二混成旅）游擊營營長胡景翼相遇，迫令胡繳械，胡縱兵與之戰，生擒陸承武，建章大懼求和北走，乃以釋放覺民出獄交換其子。覺民獲釋後，西北黨人對之更爲敬重，于右任尤其稱讚不已。

民國六年七月，張勳在北京鬧「復辟」，段祺瑞迅速討逆平定，朝政遂由安福系專擅。當時陝西靖國軍仍苦戰關中，中華革命黨總理孫文護法於廣東，派續桐溪總持西北黨務。北方先生命劉覺民協助，續桐溪住華山下，與胡景翼、景銓昆仲，及岳維峻、鄧瑜、史宗法（字可軒）等人，籌畫一切佈置，覺民負責遠近奔走，無形中成爲西北黨人的統籌機關。

註五十五：呼圖克圖亦作胡土克圖，即大喇嘛尊稱的名號，俗稱活佛。
註五十六：字翼青（翼卿）、山東濟寧人，北洋武備學堂畢業。
註五十七：朱光彩，〈河南大學校史雜記〉，《中原文獻》第八卷第六期，頁十一。

第八章　捭闔軍閥

第一節　反吳援粵

民國九年五月，直系陸軍第三師師長吳佩孚逕自從湖南撤防北返。七月、直皖戰爭爆發，直系因奉系張作霖的幫助，獲得大勝。吳任直魯豫巡閱副使，雄據洛陽，與黨人不和。次年五月、以第二十師師長閻相文爲陝西督軍，逐走陳樹藩，並瓦解陝西靖國軍，胡景翼乃附直系，任陝軍第一師師長，靖國軍總司令于右任遂被迫離開陝西。

當時北方先生因事赴俄京莫斯科，後乘西伯利亞鐵路火車轉南滿鐵路返國，直達遼東半島，寓大連作客，劉覺民親至大連，力邀先生回開封，主持聯趙倒吳之計。覺民告以吳佩孚極爲討厭黨人，所以黨人想聯合趙倜打擊吳。先生於是與覺民相率返豫，膺任河南省議會議員。

趙倜（字周人，河南汝南人，北洋武備學堂畢業）時爲河南督軍，常受吳佩孚的挾制，但因懍於吳的威勢，故表面附從直系，而內心實恨之入骨。於是北方先生以倒吳之計授其三弟趙傑（字毅武，一字奕午，時任豫軍第一師師長），並介紹覺民先住在他家一間密室內，參與秘密工作。先生又以省議員名義開設劇院（戲園）於開封城內火神廟，使覺民經理其事，天天周旋於袍笏登場的伶人之間，藉以掩護其形跡。就在此一時期，先生亦曾在開封創辦「福利元銀號」，（註五十八）設在南劉府胡同南口，座北向南，以洛陽人楊懋初任經理，北方先生之姪王佐生負責外務，往來京津滬漢各地。

直皖戰後，北方政局被直奉兩大勢力所控制，雙方相爭奪地盤，利害衝突，積不相容，至十一年四月二十八日，終於爆發第一次直奉戰爭，先生乃促趙倜命趙傑通款於張作霖。五月初，趙倜於出兵響應的前夕，命其秘書長草擬宣言數稿皆不成，事急之下，夤夜登門請北方先生草擬，先生當即下筆千言，洋洋灑灑，趙倜讀後，覺得理直氣壯，師出有名，歎爲觀止，竟說：「先生之筆，直可橫掃千軍，惜不多覯。」先生則正色答說：「烏何言也？豈可視政局如兒戲？民命何堪？」趙倜聽後，赧顏而去。

五月五日，趙倜宣告豫省獨立，授意河南省議會和各團體聯名通電，痛斥吳佩孚之盤據洛陽，干涉用人行政，勒派地方稅捐，此次對奉用兵，又強迫豫省出餉，而馮玉祥前在信陽截留軍餉，劫奪軍械，今又無端侵入河南省，是可忍孰不可忍？次日，趙傑和豫軍第二師師長兼歸德鎮守使寶德全、豫皖毅軍總司令常德盛、豫西鎮守使丁香玲、南陽鎮守使李治雲、豫北鎮守使馬志敏等亦通電，指責吳、馮侵權干政，劫餉奪械，勒捐商款，剝削民膏。於是進占中牟，攻襲鄭州，扼吳軍後路，爲奉張聲援，卻因遲誤三天而事敗，趙倜弟兄倉皇出走，覺民混雜於乞丐中，離開封赴登封，走依樊鍾秀。

民國十一年，由於南方沈鴻英向吳佩孚輸誠求援，北京政府遂有援粵之議。十二年三月，任沈爲粵督，妄言南北統一，並促廣州軍政府大元帥孫文下野，不久即被楊希閔、劉震寰、李福林、許崇智等聯軍所敗，吳佩孚欲助沈反攻廣州，顛覆軍政府，以達到武力統一全國之目的，乃命樊鍾秀率一旅之眾，自登封拔隊由漢口出江西，以援沈鴻英。北方先生遂命覺民先行赴滬渡海而南，謁孫總理於廣州元帥府，陳述歷年革命工作經過，及樊鍾秀來粵之眞意。總理大喜，嘉慰殷殷。同時另作一函，交莫慶斌（係樊之表兄）往漢口持見黨人劉成禺、熊繼貞，請爲樊鍾秀先容於孫總理。劉覺民、莫慶斌都被任爲大本營參議。迨至樊鍾秀部進抵粵北，孫總理立即派人至南雄歡迎慰問，加委爲「豫軍討賊軍總司令」，發給鈔洋三萬元犒勞官兵，遂令開往韶關待命，歸回革命陣營。旋以陳炯明來攻廣州，各軍不戰而退，大本營基地瀕臨陷落邊緣，孫大元帥急檄豫軍前來馳援，始及時解圍，連破東江之敵，穩住粵局，以是孫總理及在粵中諸黨人，無不器重樊鍾秀和劉覺民。（註五十九）

嗣因江浙局勢緊張，孫總理以黨的政略運用的關係，特命劉覺民攜其親筆信函赴天津、奉天，謁段祺瑞、張作霖，密議共倒曹錕、吳佩孚，此即世人所謂孫、段、張「三角聯盟」的由來。

第二節　岳督僨事

民國十三年秋，直奉二次戰爭爆發，未幾、馮玉祥、胡景翼、孫岳等發動北京政變，曹錕被囚，直軍大敗，吳佩孚南走湘鄂，馮、胡、孫三人合組成「國民軍」，分別爲第一軍、第二軍、第三軍軍長，劉覺民則隨國民二軍南下進入開封。

這年、樊鍾秀奉孫大元帥之命爲北伐前驅，率所部「建國豫軍」，自粵北出征，突入江西，轉戰湘鄂，孤軍挺進中原，於十二月十九日到達豫南光州，高擎青天白日旗，和昔日靖國軍的戰友——國民二軍軍長胡景翼合作，共同爲國民革命奮鬥。

十四年春，憨（玉琨）胡（景翼）戰起，樊鍾秀和胡合力解決中央第三十五師師長憨玉琨（出身鎭嵩軍，爲劉鎭華部將），攻下洛陽，俘獲甚豐，建國豫軍實力遂擴充爲六個師、兩個獨立旅、憲兵、砲兵各一團，另有一個獨立團。

十四年三月十二日，中國國民黨孫文總理病逝北京，在天安門西中央公園擧行追悼大會，樊鍾秀聽從總參議北方先生的建議，電令駐北京代表李衡（字肖庭，鞏縣人）特製巨型輓額大書「國父」二字，送至會場，最引人矚目，此爲國人首次所見公開稱孫中山先生爲「國父」的文字。

同年四月十日，胡景翼以右臂患疔瘡，病逝於開封督辦公署，囑以該軍第二師師長岳維峻繼任豫督兼省長。岳維峻（字西峰）才力短絀，馭衆無方，號令不能貫徹，取決猶豫，常失軍機，因而與樊鍾秀意見不合，幾至決裂，北方先生與劉覺民往來臨穎、開封之間，協調豫陝同志，痛陳救國大義，且電邀張繼、劉守中、田桐等老黨人，遠道來相督責，于右任亦親臨開封示意和好，彼此才慢慢相安無事。然而兩軍行動從此多歧異，不能像以往一樣密切配合。

這年冬，馮玉祥、岳維峻、孫岳議定聯合討奉，續桐溪請北方先生出山海關勸說郭松齡反張作霖，響應國民軍。先生過天津訪直隸督辦李景林，深談一夜，獲知李已和馮有秘密約定。李景林還寫了一封信交給先生攜往晤郭。郭松齡字茂辰，奉天瀋陽東鄉人，奉天武備學堂畢業，辛亥年加入同盟會，十四年春、受任張作霖部鎭威軍第六師師長。郭獲信後，一口答應，決心反張，並派代表與國民軍聯繫，自稱「東北國民軍」。

北方先生以此行使命完成，乃向岳維峻建議聯合吳佩孚一同打奉張。因爲吳這時東山再起，在漢口自號「十四省討賊軍」，其部將靳雲鶚、寇英傑各師尚能招集五萬多人，而且據有漢陽兵工廠，未可蔑視。岳維峻在鄭州「銘功園」開會，國民二軍、三軍將領及樊鍾秀等都出席會議。岳首先說明豫省處境艱困，奉張奄有江蘇、安徽，兼據天津、山東；直吳復起武漢，蘊結湖南、湖北，威脅豫南。我方侷促豫陝兩省，實難自安，因此審察時機，度量形勢，當以聯合吳佩孚共倒張作霖，是爲計之上策。遂推請北方先生往漢口見吳佩孚，即與之訂約後回鄭州報告，完成任務。

詎料在國民二軍中最有影響力的續桐溪，卻極力主張乘著山西空虛無備，攻打太原，推倒閻錫山，以取得太原兵工廠，使河南、山西、陝西、甘肅四省聯成一氣，可以別成一項格局，建立北方基地。時國民二軍駐陝州的第七師師長鄧瑜，首先表示贊成，即率該師第十三、十四兩旅，及駐衛輝（汲縣）的第六混成旅旅長弓富魁，和國民三軍的旅長胡德輔（一作德夫，爲閻之小同鄉）、武士敏（字勉之，察哈爾懷安人）等都聽從續桐溪的主張，反對先前決定的計畫，認爲革命工作不必害怕環境的壓迫，任何敵人來攻，都可以抵抗。岳維峻不能約束他們的行動，鄧瑜就在當夜開兵車經鄭州北渡黃河，暗中以和樊鍾秀商定，分道進攻山西，鄧部北走正定、石家莊，西折正太鐵路直叩娘子關；樊軍則出奇兵由武安翻越太行山直下遼州，擬會攻太原。不料鄧瑜到石家莊被代行國民三軍軍務的徐永昌（山西崞縣人）、胡德輔說動（按：徐胡因受閻錫山小惠，暗中示好於閻，故而變卦，鄧不知情），遂徇徐意，棄圖山西，而引兵保定、天津，引起李景林的憤恨，乃和山東督辦張宗昌聯合組成「直魯聯軍」，竟致郭松齡孤軍戰死，白白犧牲。馮玉祥見情勢不佳，便退出天津。吳佩孚亟由漢口出兵北進，使國民二軍自食惡果，遂被瓦解於開封、洛陽；樊鍾秀亦失利於山西，被困於南陽、葉縣之間。綜而言之，由於各軍軍頭中心無主，不相節制，率皆武夫無謀，文士短見，將士渙散，二三其德，無決策原則，隨時變更其軍事行動，各行其是，因不聽北方先生上兵伐謀的策略，以致處處碰壁，處處失利。

北方先生和劉覺民對這種結局，心中憤憤不平，尤其內不見諒於同仁，外不見信於友軍，遂於十五年三月，二人相偕避居上海法租界仁吉里一小樓上，情緒至為黯淡。時有何成濬（雪竹）、楊虎（嘯天）、田桐、周震麟（道腴）、俞奮（子厚）等黨人，都在上海，時相過從，明瞭眞相，互為慰藉，乃囑咐先生赴粵報告狀況。

註五十八：銀號是舊時代的一種金融機構，亦名「錢莊」，經營業務與銀行相同，但規模較小。以存款、放款、匯兌為業務，兼營買賣金銀、經理票券、兌換紙幣等。它的特色是重視對人的信用，股東概負無限責任。

註五十九：王北方，前引書，頁五五。

第九章　策應北伐

第一節　豫軍會師武漢

民國十五年三月二十日，中山艦事件所引起的政潮，國民政府首任主席汪兆銘（精衛）下台，黨政軍各方面都有新的發展。滬上黨人何成濬、田桐諸友好，都推請北方先生爲代表，赴粵一行，向國民政府主席譚延闓報告上海黨務狀況，並密告樊鍾秀部在河南堅守待命的情形。

六月初，北方先生抵達廣州，當時蔣中正已掌控黨政軍實權，擔任中央軍事委員會主席，仍兼國民革命軍總司令。乃訪晤蔣氏於河南（珠江南岸）士敏士廠總司令部，談話中，蔣表示廣東政局已無問題，部署北伐亦籌畫妥當，將於最近期間動員軍隊出發征討軍閥，尤望北方同志多予協助，共同奮鬥，並請先生回河南促請樊鍾秀同志，準備策應會師武漢，俾能打倒軍閥，統一全國，完成革命任務，以達成先總理的北伐宿願。於是先生離粵返滬，向黨友報告經過情形，大家都很興奮，旋即回豫會晤樊鍾秀，樊欣然承諾，將迎應會師。先生遂和劉覺民留在樊鍾秀軍幕中，相與督勵，效力國民革命。

當廣東革命政府北伐出師前夕，樊鍾秀率所部「建國豫軍」三萬餘眾，和吳佩孚部寇英傑軍纏鬥，頻頻接戰，連續攻佔方城、葉縣、南陽等十餘縣，北至臨汝、伊陽、魯山，南及南召、方城、南陽各地，士氣高昂，聲勢大振。同時、樊部旅長樊鍾華（鍾秀之弟）亦於七日遠略光州，伸展至豫省東南隅。

十五年七月一日，廣東國民政府成立一週年，軍事委員會主席蔣中正發佈北伐動員令。九日、國民革命軍集中廣州東校場，誓師北伐，消息傳出，遠在豫省的樊軍都很興奮，鍾秀並表示：願作革命先驅，迎應北伐，會師武漢，絕不失約，為實現先大元帥孫總理的遺志，決和敵人拚戰到底。於是揮軍猛擊吳軍，遙為響應，以助長北伐的聲勢。九月初、北伐軍進至武漢外圍地區，鍾秀率所部主力第一（李山林）、第二（趙天清）兩軍沿信陽以南攻武勝關，不到十天，便洽通前國民三軍暫編第二混成旅旅長龐炳勳（降吳）內應，於十六日易幟關頭，遂與北伐軍會師武漢，而吳佩孚很僥倖於龐炳勳獻關前一小時冒險進武勝關至信陽車站，又因樊部第二軍駐守咽喉要地柳林車站，阻擋吳之援軍，使不能通過向南反攻北伐軍，吳遂被迫於十九日北走鄭州。

此役、北伐軍能順利會師武漢，北方先生幕後運籌之功勞最大。

第二節　鄧縣之役

北伐軍圍攻武昌城，至十五年十月十日始攻下，完全佔領武漢三鎮。此時、江漢宣撫使田桐電邀北方先生和劉覺民二人，急速趕至漢口，以商談要事。而漢口市景氣忽變，共產黨活動甚烈，到處是遊行示威、民衆大會及工潮衝突……等活動，天天不斷，弄得人心惶惶不安，尤其因爲廣州國民政府遷移武漢問題，已呈分裂現象，眼見全國政潮將作。

田桐告知北方先生，蔣中正總司令督師江西，已由修水到九江，希望他和覺民往江西一趟。二人即乘「快利輪」順江而下，晤見蔣氏於九江行營，陳述樊鍾秀在豫南與吳佩孚抗爭的近況，並停留兩天。蔣向北方先生解釋表示說：樊同志有功我黨，當北伐軍進至湖北時，爲統一我軍番號，曾命鄧演達、唐生智任樊同志爲國民革命軍第十二軍軍長，軍爲最大編制，我和譚延闓、朱培德、程潛、李宗仁、唐生智不都是這個統一的番號嗎？但是迄今不見樊同志表示，煩請回去代爲說明，勸他諒解就職，便可將河南方面的軍政事務委給他主持，北方的黨務也由他完全負責等語。

北方先生辭別時，蔣總司令撥付樊軍餉械，並囑慰勞將士，希望樊部堅守平漢鐵路線，以利北伐通道，能攻則攻，切勿放棄據點。於是二人水路兼程趕回豫南，不料抵達柳林車站時已是清晨時候，樊部軍隊正出發返回南陽基地途中，僅樊鍾秀和數十名隨從站在車站月台上，下車還沒有講話，樊就說：「來得好！一路同往南陽去吧！」先生知他素性剛愎，固執己見，倉卒間亦無可置辯，乃徒步隨軍相伴而行。

沿途樊軍曾與地方紅槍會以及吳佩孚軍陳文釗、徐壽椿、馬文德、李鴻藻等部遭遇，可說是無日不戰。劉覺民於埠頭街（南陽東七十里）出寨時，幾乎被敵人捕捉。十天後，樊軍才到達南陽，先生這時始轉述蔣中正對他的心意與願望。但樊鍾秀厭惡蔣在廣州迫走許崇智，繳粵軍械，（註六十）不直其行徑，而且「建國豫軍」番號是孫中山授予的，爲紀念先大元帥，故始終未答應改變番號。北方先生深知樊天性忠義，但缺乏政治頭腦，絀於應變，遂不再多說。

樊鍾秀請北方先生隨第二軍軍長趙天清駐防鄧縣，可便宜行事。到達防地後十天，吳佩孚部第九軍軍長于學忠已率精銳三萬餘人，由宛南回鄧縣。這時建國豫軍士兵自春至冬，寒暑侵蝕，凍餓交迫，蔣所接濟的餉械，根本無濟於事，疲乏之狀，難以言喻。北方先生因與于學忠昔年相識於洛陽，吳佩孚曾延請北方先生爲座上客，禮遇非常，以是于學忠欽慕先生之情更爲殷切，敬事如師。

于學忠字孝侯，山東蓬萊人，早年入武備左軍隨營學堂，以第一名畢業。歷任陸軍第十八混成旅砲兵營營長，步兵第二團上校團長、少將旅長。民國十五年任吳佩孚部第二十六師師長，旋升第九軍軍長。爲人正直，重感情，富正義感。

樊鍾秀爲避免無謂犧牲，當即召開軍事會議，北方先生建議從中與之疏通，劉覺民、趙天清、李山林等人都表贊成。於是由北方先生寫一封信，派一位耿副官騎馬馳送鄧縣西南七十里孟家樓鎭于軍駐紮處。次日清晨，耿副官返來，攜于學忠回信，內容極盼先生親往商議假道之事，詞甚溫婉。先生即騎馬出城，覺民送至郊外。詎料行進未及五里，忽然後面有一副官鞭馬追來，敬禮報告：「總司令下令迎頭痛擊，請總參議回城。」先生即折返回城中，覺民尙未至南門，下馬和覺民談起樊鍾秀謬妄如此，將壞大事，但亦無可如何。次日拂曉，于學忠以無消息，即率所部攻擊前進，兵圍鄧縣城三面。在鄧縣西北的文曲（渠）集之役，僅七、八小時，樊部便已不支潰散，遑論迎剿？趙天清受傷，繞鄧縣城外走南陽；李山林退入鄧縣城裏，苦撐死守內城百日，雀鼠羅掘殆盡，官兵枵腹，猶據堅城抗拒攻軍。北方先生與覺民二人處於危城中，日日讀書，坦然無所懼怕，不失爲革命家的風度。

鄧縣是一座易守難攻的堅城，有內外二城，內城以磚砌成，周圍四里許，高約三丈，城基廣三丈五尺，外城係土築，周圍十數里，厚六尺、高丈許，有五座城門，門外各築石橋，內分五關。內外城各環掘池壕，引刁河水貫注其中，濠寬六七尺，深一丈多，內城外郭，相當堅固。雖說它佔有地利之便，但兩軍衆寡懸殊，飢疲精銳各有不同，因此傷亡很多，只好放棄外城，兵力集中內城，等待援救和補給。

民國十六年三月二十六日（陰曆二月二十三日）夜，于軍攻入內城，守將李山林下令由北城牆突圍而出。這時、東北風吹雪，天氣非常寒冷，水滴地成冰，已無橋無船可供濟渡，凍死溺斃的很多。劉覺民隨亂軍而出，一入水即遭滅頂，昏暗中幾至於死，幸有人强拉之回司令部，找一塊破棺材板燃火烘暖，許久才張開眼睛。北方先生因不會泅水，無勇氣冒這種險，便避入天主堂。

翌晨七時許，于學忠派人入南門大呼北方先生的名字，到處尋找。派安、孟兩團長乘馬徐行大街上，逢人便問：是否見到王先生？這時先生在天主堂樓上，看見安團長（星三），就下樓與之見面，隨他一起去于學忠處，謝其厚意，並托安團長進城去找劉覺民。待劉覺民被兩人扶持來時，已面無人色，因爲已經凍餓一天一夜。先生爲他介紹于學忠，于親自開罐頭食品，以白酒（純高粱酒）飲酌，極爲優遇。是晚，同宿友人王青萬家。

于學忠欲趁此機會重用北方先生，乃約請他擔任軍部秘書長，且請他代爲挽留覺民，然而皆爲先生所婉謝。先生以春秋時代楚國申包胥、伍子胥的故事相比喻，以明其志。安星三亦代爲解說不可相强之意，于遂不再勉强。

數日後，先生聞知樊鍾秀軍已撤至新野，擬向湖北隨縣、棗陽一帶轉進。於是命覺民往新野晤見鍾秀，先生則逕由襄陽、樊城，乘船赴漢口，會晤黨人祝韻湘（一作潤湘），始知他與覺民的眷口已於去年冬由上海移至漢口，住在法租界輔堂里。而覺民已先一日到漢口，二人於燈下驟然相遇，恍若隔世，不勝欷嘘。其小兒女環集一起，悲極歡呼，情況更爲淒楚。

而後、先生即往晤國民政府譚延闓主席，得悉俄共及部份黨人、政客、軍頭，皆欲倒蔣，有分裂危機，頗感失望。歸寓後，意緒蕭索，絕少出戶。未料此時，先生與覺民同時感染爛腳症，非常疼痛，必須躺在床上，不能下來走動，留住漢口長達四個月。這段期間，僅在六月時，因老友于右任由陝西與國民聯軍及北伐軍會師鄭州，和國民政府主席團來漢口時，曾往中央飯店參加歡迎宴會外，日常皆杜門謝客，從無社交活動。

此役由於樊鍾秀不聽北方先生的謀劃，以致失去與于學忠疏通借道的機會，困守鄧縣，造成無謂的傷亡，實為不智之舉。

註六十：許崇智字汝為，廣東番禺人，日本陸軍士官學校中國學生隊第二期步兵科畢業，為同盟會會員；武昌首義，被推為海陸軍總司令。民國後，任陸軍第十四師師長。二次革命敗走日本，率先加入中華革命黨，任軍務部部長。護法之役任參軍長、陸軍部長、粵軍第二軍軍長，蔣中正任參謀長。民國十四年任國民政府常務委員，兼軍事部長、廣東省政府主席、軍事廳廳長等職。九月二十日、蔣中正藉口粵軍不穩，函許離粵，派粵軍旅長陳銘樞送他上輪船赴上海，並派黃埔校隊解決粵軍。

第十章　興亡有責

第一節　强起爲吏

民國十六年八月，南京政府與武漢政府雙方人員在廬山會議，商討寧漢合作事宜。至九月十五日、中國國民黨執監委員聯席會議在南京開臨時會，決議設立中國國民黨中央特別委員會，於是寧、漢、滬三方中央執行委員會分立的局面結束。嗣即決定國民政府委員四十七人，樊鍾秀列名其中，並爲軍事委員會委員之一。北方先生欣聞寧漢合作，即和劉覺民離漢口赴上海，然後折往南京，寓「一枝園」。詎料幾天後，覺民忽然發病，十分嚴重，住入鼓樓醫院治療，直到第二年春天才治好出院。

是年十月一日，孫科交卸交通部部長職務，同日、就任財政部部長，（註六十一）並擬具「禁煙條例」二十條，其內容規定自十七年起，限三年內將鴉片煙完全肅清禁絕，不得栽種罌粟及其他同類煙苗，違者除將煙苗剷除外，並處十年以下、五年以上之有期徒刑。經國民政府核准於十一月三日公佈，設立禁煙處局，認眞執行，努力禁煙，藉收成效等等。

北方先生就在十一月間，應孫科部長之邀，奉財政部令，隨徐瑞麟同志往湖北禁煙局供職，清理湖北地區煙籍，以實現禁絕煙毒之害，至十七年四月爲止。民國十七年五月，北方先生又奉「武漢政治分會」（註六十二）指令，代理武昌關監督，仍屬財政部，專掌進出口的物品和運輸工具進行監督檢查、徵收關稅、查禁走私等工作。

正當此時，劉覺民來電告知北方先生，其夫人賈疏影女士在上海感染疾病，請先生迅速回上海探望。先生於是匆匆離開漢口，從此又和劉覺民同住在上海法租界仁吉里。而諸同志老友此時多僑居上海，乃相與往還，每天相聚於西藏路一品香旅館，並和覺民在家中讀書寫字，或訪友晤談，生活雖然困苦，而意興從未懈怠，頗爲悠然自得。

這年，川康人士有感於英國人圖謀西藏急切，乃呼籲中樞重視邊陲，建設川康為特別區域，並充實國防力量，以抵制英人內侵。西康代表格桑澤仁於八月一日向中央請願建省。九月五日，中國國民黨中央政治會議召開第一五三次會議，通過內政部審議的熱河、察哈爾、綏遠、青海、西康等特別區改制設省案；九月十七日，國民政府明令釐定邊遠地方行政區域，都改為行省，經行政院研擬方案，呈報國民政府主席蔣中正，先行成立「西康設省視察團」，並任命北方先生為秘書長（簡任）。十二月五日，續派國民政府參事吳醒漢、魏崇元、羅穀蓀、王兆方等人，為視察西康專員秘書。

由於西康據岷嶺高原，跨長江上游，乃我國西南隩區，前代政教不能遠及，迨至清代末葉，怵於邊患，始設川康邊務大臣，且有改建行省之議，欲以屏蔽川滇，但以措置失當，成為懸案。民國以來，國事日紛，無暇及於邊計，至此時始又著手進行。譚延闓強起北方先生作吏，欲使之視察西康瞭解實際狀況，作為設省因應措施的依據。因此人事組織延至十八年一月底，方告就緒。

劉覺民聞說視察團人事組織一切妥當，於是欣然爲北方先生治裝，田桐、周震麟、謝持……等諸黨人好友，亦殷殷各有所屬望，皆願先生一展壯志嘉猷。因爲、以先生的個性志向，效力邊事，本其所願，若說做官，他就會意興闌珊，毫無興趣。

當時川省局勢未能穩定，尤以軍系派別複雜，不相統繫，僅由國民政府指定川康裁編軍隊委員會委員田頌堯負責籌備西康設省事宜，另有劉文輝、鄧錫侯、劉湘三委員協助，而無積極行動。尤以英人嗾使西藏軍隊圖謀西康，日益迫急。印度兵、英兵、連同藏兵加緊謀侵西康，大半已入英人之手，其情況危急，不難想見。

國民政府以波蜜、三巖等處，常起康藏糾紛，巴塘、打箭爐，及已失各地居民，亦極盼組織省政府，主持定亂和鎭撫，即於二月四日先遣專員秘書吳醒漢、魏崇元，商請川軍隨行入康視察，妥爲保護，並於二月二十三日撥發視察經費六萬六千四百四十元，以便早日首途。（註六十三）二十六日，政府頒定「視察西康條例」八條。然而、其後中央又以川局未定，尙無法組織西康省政府，而川人更因川局尙未安定，無暇顧及邊防，大好河山，幾成甌脫，加上中原諸種紛亂現象，有如燃眉之急，遂使中央對於西康設省之舉措難以爲繼。北方先生方知西康事情更難著手，於是奉命將視察團留在漢口的先遣人員召回南京，於十八年夏間遵令辦理結束事宜。

按西康地廣人稀，而郎塘、郭沙、綠邊一帶三千餘里，與英屬地毗連，國防所寄，自應切實經營，而今竟無法實邊，不免令人慨嘆！

西康設省視察團遷延半年而無成，北方先生仍和覺民聚處上海，兩人之間的情感益爲深厚，有如同胞兄弟一般，可見先生待人誠篤，故能相交久而敬之。民國十九年，北方先生因患嚴重腳疾，醫生告以需用海水浴療法，適有好友吳絜華邀約他赴山東至煙台海關公署，幫助處理文書，他遂應命前往。

吳絜華是安徽人，早年亦爲同盟會會員。日本早稻田大學專門部畢業，返國至大連任「遼東日報記者」。民國初年、赴廣東任省財政廳秘書，以接近宋子文的關係，升財政處長。國民政府定都南京，宋子文為財政部長，委吳任安徽省印花稅捐局長。十八年，調山東省，任財政部膠東特派員，而後改任煙台海關監督。

按煙台位於福山縣東北芝罘半島上，以明代設烽堠於此而得名，三面臨海，沿岸有砲台，為軍事要地；且為清代中英天津條約的通商港口，故貿易繁盛。此地嚴冬不凍，盛夏涼爽，氣候良好，風光宜人，有海水浴場，正可供先生滌足療病，在此足足休養一年，才告痊癒。

第二節 濟汴中學

民國二十年二月二十八日，發生國民政府蔣主席軟禁立法院院長胡漢民於湯山（南京東六十里）的事件，導致一般老黨人及反對者的不滿，造成寧粵對立的形勢，汪兆銘、孫科、鄒魯等在廣州成立「中國國民黨中央執監委員非常會議」，並發表宣言，另外成立國民政府，與南京的國民政府相抗，史稱「寧粵分裂」。

這年秋，北方先生與劉覺民以同爲豫籍黨代表，參加第四次全國代表大會，因在滬南行不便，繞道北過大連時，有友人勸阻先生勿南去，蓋以國事糜爛，大禍將作，請暫留於此。劉覺民便和其他代表先行登輪赴廣州，抵粵時，正好發生「九·一八事變」。先生住在遼東旅社，警耗頻傳，五日內、東三省南部完全淪陷於日寇，乃利用機會離開大連，回到上海。覺民責怪他不去廣東開會，曾對先生夫人重復諷詈，滬上黨人多不直其言，認爲有失「君子喻於義，小人喻於利」的修養，先生則笑說「士各有志，何用相强？」。蓋因先生不忍寧粵兩方值此國難當頭，兄弟鬩牆，而不知外禦其侮，重演豆萁煎燃，親痛仇快之事，如此將徒增時局的紛擾，而啓外侮之機。何如促成團結全國黨人的力量，共赴國難。最後在內憂外患交迫之下，蔣中正遂下野，十二月二十八日南京國民政府改組，林森被選爲主席，而廣州中央黨部及國民政府都宣佈撤銷，此一政治紛爭遂得以解決。

民國二十一年「一·二八」淞滬之役戰起，北方先生在上海所著述的手稿，如日記、信函、文件及古籍闡釋等等文字多種，竟多毀於此役，令人惋惜。更遺憾的是，有關先生生平事蹟的資料，亦同遭佚失，以致爲先生作傳時有資料缺乏之嘆！也可見戰爭對人類文明的破壞。

不久、由於上海物價高昂，生活不易維持，先生乃攜眷回開封，覺民則赴北平，從此成爲析居的兄弟。

二十二年春、有友人立法委員凌鉞向立法院院長孫科荐舉北方先生任立法委員，先生竭力辭謝。前立法委員張金鑑（字明誠，河南安陽人）先生，亦嘗談及北方先生不做官的事例。當陳果夫主政江蘇省政府時，曾商請先生出任江蘇省第八區（徐州屬八縣）行政督察專員兼區保安司令，他亦加以婉謝。足見其性情狷介，不喜爲官，不隨流俗，高風亮節，因此時人稱他爲「河南名士」。

北方先生返回開封後，住在城內東棚板街，其門人周祜光（陝縣人）校長迎請他仍回到他昔年親手創辦的「濟汴中學」高中部任教。對於從事教育，作育英才原是先生的素志與興趣，所以當然很樂意的答應。另外還在省立開封高級中學、省立開封女子中學、河南大學附屬中學授課，都是教授國文。約在一兩年後，在南聚奎巷路東門牌十九號，購置一座兩進院落的住宅，是四合院、二門横隔一牆，內外嚴緊，庭除雅潔，房舍明靜，無塵俗氣氛。

自從「九・一八事變」發生之後，日軍迅速侵佔東北三省，更進而謀我華北，侵逼日亟，而使我失地日廣，國土日蹙。國人有鑑於不抵抗主義的教訓，愛國之士乃奔走呼號，熱血青年競相請纓禦侮，殺敵鋤奸。尤其民國二十四、五年之間，日軍軍官指揮熱河僞軍，入寇察哈爾北部，並進犯綏遠東部，華北飄搖，朝不保夕。於是全國熱血青年學生愛國運動，紛起各地，大聲疾呼，籲求中央政府動員抗日禦侮，收復失土，以維護中國的國格，和中華民族的尊嚴。

開封各中等以上學校和河南大學的男女青年學生，情緒更爲激憤，日夜群集開封車站，甚至臥軌請願，開火車載往前線殺敵，救亡圖存。當局唯恐得罪日人，增加政府痲煩，極力壓抑學生愛國運動，凡是學生運動中的領導幹部，教育廳都指示學校警告禁止或勒令退學與轉學。如北方先生的長女公子俱敏，就是因爲參加愛國運動非常激烈，所以被迫由省立開封女子中學轉讀天主教辦的私立靜宜女子中學，就是其中的例子。

北方先生夫婦對於這些愛國學生，特別鼓勵關懷，曾命他的黃包車伕禹老五（註六十四）滿載粽子送往車站，分饗同學們，親作端節慰問。癡老回憶此情此景，恍如昨日，令他永遠感念難忘。就是在二十五年秋，北方先生在家裡把《孔子眞言》一書的文稿，交給癡老拿回去看。字數多達約十五萬言，內容引經據典，蒐集各家版本、散文、逸文，闡發孔子的新思想、新理念，取其眞諦精粹，把孔子崇高的觀點與理論的學說，做一番有系統的衍義新解和整理的功夫，亦匡正了不少訛解；尤其是拋棄世俗舊說，使孔子的學說能萬古長新，永遠適應時代，開啓時代，正是所謂「人能弘道」之意。可惜先生這部著作在戰亂中未能及時付梓，以致後來燬於紅衛兵之亂，又是件遺憾之事。

先生教學，一言一行，都非常注意培植國家觀念，灌輸民族意識。諸如他常向學生講述明朝末年的少年夏完淳組織義軍，抗清成仁的故事，以及乙未台灣同胞義不臣倭的壯烈史事，其中三角湧街（今台北縣三峽鎮）的義軍，重創日軍的英勇戰蹟等史例。講說時特別提高音節，作出悲壯的聲調，有如滿懷激情的慷慨悲歌，使學生印象十分深刻，因此抗日時期，他的學生很多從軍，和日軍搏鬥，就是受到北方先生的深遠影響。例如嵩縣龐秀夫（中央軍校十三期畢業）參加第一戰區自衛軍第二路（司令阮勛、嵩縣人），任第二大隊長，於民國三十二年壯烈陣亡於西平縣濬村；癡老（王天從）亦參加自衛軍第三路，任第三大隊長，激戰氾東，與日軍第十四師團土肥原賢二對陣；來台灣後，教課之餘，訪問三峽遺老，探詢當年抗日事蹟，寫成《三峽地區乙未抗日史料》一書，追溯遠因，皆是北方先生教誨的影響。

北方先生要學生把求知識和愛國愛人結合起來，達到學以致用的目的，講到激動處，慷慨激昂，議論風生，令人拍案叫絕，學生都聽得十分專注，心領神會。每次開講，他先說出自己的觀點，再評論學生的見解，要求學生以博學、審問、慎思、明辨、篤行的態度，對每句都探求眞義，久之啓發自多。對於學生的佳作，必令互相傳閱觀摩，交換學習心得，以養成學生自學和獨立思考的能力，激發其勇於進取，以達眞善美的境界，因而學生在思想和學問方面都大有進步。

而北方先生早年致力革命，反對滿清專制政體，就是爲了要實行民主政治，發揚民權精神，開創民生福祉，以建設民生樂利的社會，可以說具有一種後樂先憂的高尙情操，因此他的學生們談起他來，無不由衷的稱讚他、敬愛他，其仰慕之心，雖時間久遠，仍不稍減，私下都稱他是「革命聖人」。

第三節　振衣禦侮

民國二十六年「七·七」盧溝橋事變，終於引發我國對日八年抗戰，以全民族的生命，拚求國家的生存。

二十七年春，日軍深入蘇皖魯豫邊區，局勢大爲吃緊。迨至二月，豫北告緊，開封形勢危急。北方先生遂舉家南走，逃難至鎭平縣西十八里的新民市（原名石佛寺鎭），友人李和民留止於其家。李和民於民國十五、六年間，曾任建國豫軍總司令部軍械處處長，係北方先生故舊僚友，這時擔任此間區長，對先生誠敬招待，相處如一家人。當時中央決定運用全國人力抗戰，以禦暴寇入侵，第一戰區司令長官兼河南省政府主席程潛，乃啓用趙得一，號召舊部，發動地方人民，組織民眾武力，成立「第一戰區自衛軍第三路」，任爲司令，並邀北方先生任秘書長，助其成軍。

按程潛字頌雲，湖南醴陵人，日本陸軍士官學校中國學生隊第六期砲兵科畢業。曾參與辛亥武漢光復之役、護法之役；歷任護國軍湖南總司令、軍政部長、……國民政府參謀本部參謀總長等職。抗戰軍興，任第一戰區司令長官。因其在民國十二、三年間任軍政部部長時，與豫軍保有良好關係，且與北方先生有同盟會之誼，同屬老黨人，先是聘請趙得一爲長官部參議，以備諮詢。至是北方先生遂慨然應諾，振衣興起，語其夫人云，强敵當前，禦侮有責，且與趙得一係老友，患難之交，而臨汝、寶豐、郟縣、魯山……等地，又是他奔走革命舊遊之地，故交士紳很多，於公於私，都是義不容辭。遂辭別好友李和民，移家北去臨汝，住城內「將台」後財神廟街路北一座獨院，院後靠近北城牆，雖距北門很近，但久閉未開，不能出入，住家頗爲安靜。

第三路司令部就駐在臨汝，趙得一（註六十五）司令當年任建國豫軍第二軍軍長，部衆多屬此間臨汝、魯山、寶豐、郟縣、伊陽的子弟，於是皆聞風奮起，或帶槍來歸，或助餉以獻，四境的民團紳董亦皆攘臂以助，於短短一個月內即已成軍。嗣又移調許昌、臨潁之間，潁河南岸的繁城鎮，集訓三個月。

二十七年五月，徐州放棄，皖北日軍沿淮河西上，固始、潢川、羅山等縣，形勢緊急，第三路奉檄馳援，進駐潢川，達成遲滯敵軍行動的任務。次年春，復阻敵於駐馬店（確山縣北四十里）和界牌，然後移駐漯河，派隊爆破蘭封、開封間的羅王村車站以東的隴海鐵路鐵橋，破壞敵方交通，而後東走商邱；主力大隊隨司令部東經黑龍潭鎮（偃城東北四十五里）、逍遙鎮（西華縣西南四十里），駐防周家口（商水縣東北），該鎮位於賈魯河與潁河之交會處，因河水間隔，分爲三寨，以南寨市廛櫛比，最爲繁盛，司令部即駐紮於此。南寨合北寨、西寨，有「小武漢」之稱。而後北走西華、鄢陵、扶溝，東轉呂潭鎮，北渡黃氾，進至崔橋鎮（太康縣西北五十里），游擊黃氾區。東走商邱的大隊此時乃回至崔橋歸隊。

北方先生留駐臨汝，與各方聯繫，無形中具有運籌帷幄之功。在抗戰期間，雖生活清苦，但因久居臨汝之故，地方人士多欽仰他的學問道德，爭相餽贈，居家乃得以無虞匱乏。

二十八年夏，北方先生在臨汝突然收到由漢口「和平救國聯合會」名義寄來的信函，徵求先生意見。原來是汪兆銘於二十七年十二月發表「豔電」，認賊作父，主張中止抗戰，在南京組織僞國民政府，甘爲日本傀儡政權。先生即回函斥之「賣國投敵，爲民族千古罪人！」正氣凜然，令人起敬。其後、北方先生應其學生周祜光校長的邀請，在魯山的「淮陽師範」任教，其弟子丁思岑先生回憶某日上課時，先生一反往日上課即講授的慣例，將書本放置桌上，說：

汪精衛、小孩子！早知他有今日，當年與他由日返國之時，在船上狂一狂手，就把他推到海裡去了。自己去作漢奸，還要邀我去當漢奸，可恥！可恥！叛國害民，要當頭號漢奸，他絕對不會有好下場！（註六十六）

蓋因汪精衛組織僞政府，欲藉重黨國大老，以充門面，故有邀約先生參與之舉，而爲先生所堅拒。由此可知先生強烈的民族意識和國家觀念，恨透了這種賣國求榮的漢奸，其剛毅的個性，堅守原則，更不失爲一個堂堂正正中國人的人格。

註六十一：《國民政府公報》，民國十六年十月、第二號、頁三十九。

註六十二：民國十七年三月七日、中國國民黨中央執行委員會政治會議任李宗人爲武漢政治分會主席；五月十八日、武漢政治分會舉行正式成立大會，以湘鄂兩省屬之，專管政治事務。

註六十三：《中華民國史事紀要初稿》，民國十八年二月十七日條，國史館編印。

註六十四：禹老五名振元，河南滎陽縣人，二十多歲便在王家拉黃包車，爲人忠義。民國三十七年隨先生遷居上海，六十歲後不知去向。據三女俱如云，紅衛兵強迫其鬥爭主人，堅持不肯，以致被繫獄中瘐死。

註六十五：趙得一名天清，生於清光緒二十三年（西元一八九七），卒於民國五十一年四月。河南寶豐人，早年隨樊鍾秀入陝，參加靖國軍，任連、營長。民國十一年，樊率師入廣東，爲大元帥大本營討賊軍豫軍總司令，趙任團長；十四年、任建國豫軍第二路司令。中山逝世後，任該軍第二軍軍長。十五年七月，國民革命軍北伐，建國豫軍首先響應，率部攻信陽，與北伐軍會師武漢。十七年、退隱故里，創辦實業，興建學校。勝利後，任河南省政府參議。三十七年當選爲行憲國民大會代表。

註六十六：丁思岑，〈五十年後念師尊〉，民國八十四年春，致吳桂昌先生函轉交。

第十一章 憂患餘生

第一節 地方清望

北方先生一生雖不愛做官，但是卻有不少做官的文官武將，無論識與不識，對他均十分仰慕，事之以師禮，爲世人引爲美談，以下可舉數事爲例。

民國二十七、八年之間，有駐防臨汝的陸軍第八十一師中將師長展書堂，謁門贄敬，向北方先生拜師請益，執禮甚恭，意甚誠懇，足見其對先生慕道之殷切。展書堂、字秀文，河南西華縣西夏亭集展莊人，曾任韓復渠部旅長，抗戰後屬韓部第三集團軍第十二軍序列，轉戰魯、豫、贛、鄂等省，於魯北德縣、贛北瑞昌，屢創日軍。

另有由我國扶助之韓國「光復軍」，其總司令李青天，住在洛陽西工（原名西宮），亦時時向先生請教，尊以師禮，其人誠敬豪放，不愧爲「三韓人傑」。

二十九年、有湯恩伯部陸軍第十三軍第四師師長石覺（字爲開，廣西臨桂縣人，黃埔軍校第三期畢業），調駐臨汝，慕名造訪，執弟子禮。北方先生囑他多注意軍紀，緣以湯恩伯部風紀欠佳，所以一再叮嚀，因而該師軍紀獨秀一方，地方人士多歸美先生。

伊陽豪俊范龍章（字倬雲，時任自衛軍第四路司令），每過臨汝，必謁門致候，餽送敬禮。

而臨汝地方黨政軍機關首長如石覺、師管區司令楊衡岑（字天民、伊川人，原陸軍第十五軍少將副軍長）、縣長唐克南、三民主義青年團臨汝分團主任張正一（名勵中、魯山人）、縣財務委員會委員長郭允恭、張郁文、地方大紳王鶴齡（名景元、爲地方武力首領）、王獻元（爲鶴齡三弟）、焦仙洲（臨汝縣城東焦莊人、號稱「東路諸侯」）等人，每當聯合公宴或私人柬邀，都推請先生爲首席上座，可見先生之德高，望重一方。

第二節　汾石名山

北方先生誠然風高洛下，名著汝河兩岸，連方外人亦多造門走訪。臨汝城北二十里風穴山白雲寺住持和尚釋肅然（號德毅），身體肥胖，喜與名人搢紳相互酬往，聞先生流寓臨汝，即命寺僧餽贈薪糧，資助生活，並時常來城中看望先生，相談甚得，曾先後兩次請求先生爲該寺撰寫文章，並汾石於寺內。

臨汝縣舊稱汝州，轄伊陽、魯山、寶豐、郟縣四縣，民國後改稱臨汝縣。縣城四周皆山，風穴山位在城北偏東二十里，山上有穴，天將有風時，穴則先鳴，而後風大作，巖木因之震撼，由是而得名。林木泉石，四山蔥綠，流水淙淙，幽靜寂然。「白雲寺」即建於「風穴山」內，故又俗稱「風穴寺」。環山蒼翠，名剎清幽，恍若世外桃源。

「白雲寺」的建造，據《汝州志》記載：「始於後魏，再興於隋，唐大中初建，七祖（可貞）禪師駐錫於此。宋乾明間重修，今（明代）住持僧滿延、滿資，相繼而修。……」（註六十七）另據《直隸汝州全志》（清代乾隆年版）則謂，創自唐開元間，爲十方長住，乃洛下汝上大古刹，唐代建築，殿堂古樸，形式格局，有漢唐古風。

由上可知，「白雲寺」已有千餘年歷史。一進山門內，西側豎立一碑，碑面向北豎立，其碑文即爲北方先生所撰，泐石時間在民國二十七年，字大約盈寸，整齊秀挺，文末落款，署名第一人爲「遜清舉人」和「國民政府行政院簡任西康設省視察團秘書長」兩個名銜並行而列，其下爲「王北方謹譔」；第二人爲「蘭亭陶春芳書丹」、第三人爲「壽萱孫椿榮篆額」。惜此碑已遭紅衛兵破壞，今已不見。

另一碑在中佛殿西側，亦遭紅衛兵之禍，後尋回重立於中佛殿後西側。幸有北方先生三女婿吳桂昌先生返豫探親，托其親人自鄭州兩赴汝州市該寺探察，特別請人搭架拓得全部碑文，眞是費盡心思，得來不易。這是目前所見北方先生第二篇文字資料，桂昌先生送來後，癡老如獲至寶，請人裱褙珍藏，視若拱璧。

碑文拓紙原件長七尺，寬二尺四寸，全文附加標點符號，錄之如下：

白雲寺重修禪堂官廳庫房碑記

國民政府行政院簡任西康設省視察團秘書長王北方謹撰

佛法圓通，愿一切眾生有生有滅，無生無滅，究竟入於生無滅無，迺謂善了。此等朗澈境界，夫豈凡俗所能驟及？迺以施捨爲解脫之途徑，使人心與物逐漸分離，如飛蓬之去枯莖，久而久之，心不爲物所隱蔽，然後明心見性，豁然開悟，成就圓覺，此爲我佛慈悲眾生，無二法門。雖然眾生各具佛性，但性遇緣乃現，否則人我皆無關，人我與物尤無關，功德殆不可成。肅然和尚深明此旨，得善知識，具大願力，幼披剃於洛下，長卓錫于風穴。民國戊辰，全寺僧眾推陞方丈座。次年、遭荒欠，乞糧飯僧眾，粟滿香廚，風穴可比于龍井，募化供營建，山闢銀地汝旁，不讓於螺溪，以故先後設道場於汝之白雲與襄城之乾明兩寺。法雨慈雲，甘露均霑，福田廣闢，宗風丕振。

辛未、北登五臺，瞻文殊之焚修；勸募三晉，結檀越之善緣。渡河而南，暫游內（鄉）淅（川），還經伊洛歸。復托缽於城鄉各區，巨款既集，於是鳩工庀材，莊嚴璀璨，彈指立現。計重修官廳七間，禪房十一楹，庫房及後水樓均翻蓋一新，四面觀音像則金裝煥然。凡茲工資，非有生公說法，頑石點頭之廣，長舌烏能得傾囊指囷之佽助歟？

自茲以後，入山皈依，咸欽梵王宮闕之勝蹟；誦經禮懺，喜宣波羅揭諦之眞言，此非獨白雲寺之光榮，亦邑乘上之盛事也。爲傳示計，謹列施主台銜，及肅然和尚之功德，藉告十方。比丘僧尼，優婆塞夷，共唱無量頌，共積無量福。

蘭亭陶春芳書丹

壽萱孫椿榮篆額

傳臨濟正宗第四十五世當代方丈肅然率兩序大眾（僧名略）仝立

中華民國二十九年清和月　穀旦

以上碑文全部共計六百九十字，正文十行，共四百四十八字。全文無一語實說，而借佛法圓通，詮釋人世生滅有無之說，勉人以得善識，具大願力，方能達成眾生善果，文字簡潔，飄逸無礙，予人不食人間煙火之感。先生之學，猶如汪洋大海，其文更若巍峨峻嶽，高遠深博，彷彿碧霄行雲，了無窒礙，直似慧燈，以醒塵世，使人頓悟人生價值之所在。先生之德，固如是也。

第三節　憂時病歿

民國三十三年一月間，日軍決定打擊黃河南岸豫境國軍，首先搶修黃河鐵橋，重建邙山頭據點，至四月初、抽調東北及華北地區的部隊，總計約十五萬人，由其華北方面軍司令官岡村寧次指揮。

第一戰區接獲情報，以扶溝、汜水及以西之河防部隊，阻止日軍渡河。並以湯恩伯兵團憑藉據點工事，力予抗拒。湯恩伯時爲第一戰區副司令長官，攬權專橫，額外設有副長官部，自行單獨指揮。

四月中旬、日軍分由中牟及鄭州邙山頭進犯。湯恩伯兵團竟驚惶潰退，棄置郟縣、臨汝……等縣，直奔盧氏縣，湯之敗軍到處擄掠，寇軍任意燒殺，沿路人民受此「雙料荼毒」，怨聲載道，苦不堪言，皆云國軍與敵軍有何分別？北方先生全家倉皇避往魯山、嵩縣之間，顚連困頓，至於極點，而後輾轉流離至魯山趙村鎭，依其親家吳協唐，始得以喘息，暫時安定下來。

吳協唐名漢三，是魯山縣南大詹營人，與北方先生原是建國豫軍僚友，其長子吳桂昌與北方先生三女俱如於民國三十二年訂婚，結成兒女親家。吳時任豫省第五區行政督察專員，公署設在趙村，位於魯山以西八十里，西北距嵩縣約百里。北方先生對於湯部聞敵驚潰，不戰而逃，以爲「禦侮不足，擾民有餘」，有礙戰局，且危害地方，輕易喪失豫西大塊地方，不知何日才能收復，遂因之憂憤成疾。

就在民國三十三年春間的某日，親家翁吳協唐來看他，談話中，先生手拿紙煙忽然墜落在衣服上，卻毫無知覺，吳氏感到先生神色有異，急召醫生來，幸而神智尚清醒，但已半身癱瘓，從此身體情況不佳。

三十四年春，先生聞悉「雅爾達會議」以恢復帝俄在東北的權利，換取蘇俄出兵對日作戰，不惜出賣中國，認為這些都是帝國主義者的行為，出賣盟友，缺乏國際道義，實為可恥行為，將為中國和世界遺留無窮禍患。八月十四日，中樞繼派外交部前後任部長宋子文、王世杰，在蘇俄莫斯科議簽「中蘇友好同盟條約」，以為實行雅爾達密約的協定，先生認為簽訂這個友好條約，實則並不友好，政府亦未站穩立場，居然承認外蒙古獨立，可謂咄咄怪事，非常不以為然，認為如此喪權棄地，實為國家民族歷史上的罪人，國事如此，使先生更為憤忿不已。

三十四年秋，日本終於無條件投降，八年抗戰獲得艱苦的勝利，先生不勝欣喜，全家回到開封故居。當時河南省政府主席劉茂恩特聘為省政府參議，為有給職待遇（共七人），其餘都是無給職的名義參議。有趣的是，劉主席的六弟茂寅，任職省政府機要，是留學德國的化學博士，建設廳長宋彤（林縣人），教育廳長王公度（孟津人）……等多人，都是先生早年執教「留學歐美預備學校」的學生，各有成就，對他都非常尊敬，如今先生任省政府參議，更常去探望。在戰亂之後，還能見到這些學生，先生心裡感到十分欣慰。

不幸國共內戰復起，而且日漸擴大，戰火由東北燃燒到華北，中原糜爛，國事急遽惡化，加上通貨膨脹，民生十分困難。先生只得於三十七年再度舉家離開封，遷至上海，而憂思國事如故。由於在長期病痛中，半身不遂後又罹肺癌，受盡折磨痛苦，眼見國事不可爲，更是憂心如焚，病況加劇，終於在民國四十一年三月十七日（陰曆二月二十二日）含恨而歿，即於滬上火化，享壽七十三歲。

茲敘述北方先生家庭狀況如下：

德配任氏佩莆，孟津人，早年病歿開封。

繼配賈氏疏影，小字阿梅，封丘縣城東五里西孟莊人，生於清代光緒癸巳十九年十一月二十一日（西元一八九三年十二月二十八日），民國七十七年十月七日病歿於哈爾濱，享壽九十六歲。

共有子女八人：

長子俱塞，以字伯毅行於世，信基督教，受洗名「約翰」。上海復旦大學商科畢業。在學期間曾組隊代表學校參加華北運動會的足球競賽，贏得冠軍，以家書告捷，信中有「執北方之牛耳」的豪語，先生看後，突然拿起筆來在行間批道：「早知今日作牛，悔不當初跑馬！」十分幽默風趣。在河南大學任教多年，抗日勝利後，任河南省銀行偃師分行經理。原配喬蘭英（孟津人），生二女一男：兆蓉、兆華、兆元。已逝。

次子俱倜、字仲哲，基督教受洗名「保羅」。民國六年進入北京清華學校（清華大學前身）預科，而後正式升入清華學校，畢業即和同班同學孫立人（安徽舒城人）、賈幼慧（陝西韓城人）等以庚款保送美國留學，俱倜畢業於威斯康辛大學哲學系，孫、賈二人則改學軍事。歸國後，歷任國立重慶大學工商管理學系教授、主任，及西南財經學校教授，曾短時期任教國立西南聯合大學。

三女俱敏，小字三寶，別署夢虎，生於民國十年，陝西城固國立西北大學法學系畢業。

四子俱淳，後易名瑋，字蘊叔，國立江蘇醫學院畢業，歷任河南省政府建設廳技正，上海某醫院院長等職。

五女俱艾，小學時易名娟，中學名淑貞，高中名環，早逝。

六女俱如，國立台灣大學商學系畢業，任教台灣省立蘭陽女子中學、兼訓導主任，春風化雨，長達二十餘年，頗受學生愛戴，不幸於民國七十六年十二月十二日病歿，享年六十一歲。婿吳桂昌，國立中興大學畢業，歷任宜蘭縣政府民政科長、主任秘書等職，達四十年之久，輔佐縣政，政通人和，頗獲好評，至八十二年九月退休。

七子俱虔，後易名琥，上海復旦大學理學院畢業，任哈爾濱船舶工程學院教授，現已退休。

八女玲，上海交通大學畢業，現任大連理工大學教授。

先生可謂一門俊秀，教子有成。其對子女的教育非常重視，絕對倡行男女平等，不僅沒有一般世俗重男輕女的觀念，甚至偏愛女兒，從長女俱敏的回憶文章中可以看出先生非常先進的教育思想。

北方先生爲俱敏取乳名「三寶」，就是第三個孩子才是寶貝之意。她說：「父親給我最大的厚愛是送我上學讀書，父親時常對人說，男女平等要表現在受教育的權利上。」（註六十八）他不僅是慈父，是她的啓蒙老師，更是嚴師。四歲教她識字，半年後開始學作短文，五歲教讀背唐詩，每天至少兩首詩，還要讀一篇古文，並學寫書法，所以她在小學畢業前已經讀完《論語》、《左傳》、《古文觀止》，背熟《唐詩三百首》。讀小學時，必須每天寫日記，每週一篇作文，由其父親自批改，從未間斷，因此她從小學到大學，在班上的寫作都是優等，至今寫字仍是一筆不苟。從來信中，她與癡老互相以詩文唱和，可見她的文筆甚佳，書法蒼勁有力，這都可以看出是北方先生嚴教的結果。正如俱敏所說：「雖然父親對我百般疼愛，但在讀書上卻是非常嚴格的，有時眞近於苛求。」。（註

六十九）

除了中國傳統教育以外，北方先生還兼重視西方教育，嚴格要求俱敏在小學三年級時就開始學英語。他認爲，要想將來學有成就，能爲國爲民做貢獻，就是要多掌握科學知識，要掌握多種技能、技巧，外語是工具，是手段，所以要努力學好英語。在七十年前就知道重視「兒童英語」，北方先生眞可謂是教育的前衛者。所以俱敏的英語程度十分優秀，遠超過同輩。由於父親嚴格的教育，使她從省立開封女子中學、靜宜女子中學畢業，而後順利考上國立西北大學法律系，北方先生興奮的從臨汝打電報給她說：「我這個老牛又馱你進入大學。」另外又寫長詩〈勗敏女〉勉勵，眞是愛女情深。（註七十）北方先生以嚴格的言教身教，身體力行他的教育理念，所以八個兒女中，除五女早逝以外，其他七位皆是大學畢業，無論學商、學法、學醫、學工，各自卓然有成。惜八位子女中僅三女俱如一人來台，餘皆留陷大陸，一家骨肉，生前未能見面團圓，爲俱如一生的遺憾。

註六十七：浙江寧波「天一閣」藏本《汝州志》（明代正德元年冬十二月後版本），卷四、頁十，〈寺觀〉條下，汝州白雲寺。

註六十八：王俱敏，〈慈父嚴師──懷念我的父親王北方〉，民國八十三年八月撰稿。

註六十九：同前註。

註七　十：同前註。

第十二章　結論

在中國史學傳統中，正史的特徵爲人物的紀傳，《史記》的本紀、世家、列傳佔全書的大部份，可知中國社會自古以來即重視人物史，蓋以其影響世道人心極爲深遠之故。而《史記》七十篇列傳中以節義最高的人——伯夷列傳爲第一篇，更可知司馬遷的用心，以其爲百世之師。孔子稱伯夷爲「求仁而得仁」，（註七十一）孟子則稱「聞伯夷之風者，頑夫廉，懦夫有立志」，（註七十二）意爲聖人之清者。其後唐朝韓愈有〈伯夷頌〉，稱其爲士之特立獨行，適於義，且信道篤而自知之明者，尤其「力行而不惑，千百年乃一人」，（註七十三）即以其行爲萬世之標準。伯夷、叔齊之見重於後世，於此可見。

綜觀王北方先生的生平行事，正是這種特立獨行，有爲有守，又能貢獻一己的心力於國家、民族、社會的人，不僅能「獨善其身」，還要「兼善天下」。

然而這類型的人物，古往今來並不多見。

其人個性剛毅爽朗，而又擇善固執，穩重深沈，狷介自持，不與凡俗同流。善與人交，久而敬之，且以能與之交往爲榮，故舉凡革命黨人于右任、田桐、張繼……等人皆與之相交深厚，至於軍界亦十分熟稔，可謂交遊廣闊，以是能於革命的過程中，扮演著一如張良、諸葛亮等的角色，在黨人與軍界之間擔負起謀畫、策動、奔走、聯絡的工作，而成爲清末民初的的革命人物——河南革命軍的先導。

除個性狷介以外，其人可謂才氣縱橫。年十二歲即能於縣、府、院試中，連試皆捷，成爲三元秀才，至十七歲又中舉人亞元，比之古人，並不多讓。雖然其人身爲中國傳統社會的知識份子，但他的頭腦清晰明敏，並未成爲食古不化的冬烘先生，反而思想新穎獨特，識見超人，且深謀遠慮，故能在這新舊交替混沌的時勢中，成爲走在時代前端的人物。加上他的相貌奇偉，文人武相，沈潛凝重，聲音宏亮，望之儼然，一言一行，令人油然而生敬重之心。所謂「倜儻負奇節」，（註七十四）正是北方先生的最佳寫照。

尤其難能可貴的是，以他的文章才氣，若繼續走上科舉功名之路，對他而言，猶如遊戲一般，易如反掌。無如他的個性放蕩不羈，不屑拘於繩墨，不喜八股，無意於求取功名，再陷入科舉的窠臼中。再者他已看出當時清末慈禧當政，若無變法成功，斷不能挽救中國的命運，繼而見變法已無成功之望，乃轉而駐籍同盟會，參與孫中山先生的行動，致力於革命，推翻滿清專制政體。他秉著儒家知識份子先憂後樂的胸懷，和墨家摩頂放踵的精神，不辭艱辛，遠至南洋，宣揚革命，其足跡所到之處，西至新疆，東至哈爾濱，北至莫斯科，而後回故鄉中原，策動軍界革命，可以說在這危機和轉機的時代中，北方先生並未放棄他的理想，成爲隱逸之士，反而發揮其才具，貢獻其心力於這個大時代中，這是非常值得喝采的！

最令其門生故舊敬佩的是他的「不做官」、「不好名利」，視富貴如浮雲，始終清高自持的志節。由於中國傳統儒家知識份子在「學而優則仕」的觀念下，上焉者是「以天下國家爲己任」，下焉者是「書中自有黃金屋」，藉以光宗耀祖，改換門庭，兩者基本上都是要做官的，不愛做官的人可說很少，若有官可做而不做，那就是異乎尋常。自古以來，對於不好做官者，往往給予肯定的評價與讚美。因爲這代表士大夫的風骨氣節，有所不爲，也代表社會的正氣，不向權勢低頭，不出賣自己的人格。北方先生的不做官，除了他的個性使然外，厭惡政治的齷齪，不肯捲入黑暗中，同流合污，亦是原因，寧可從中跳脫突破，成爲社會中的一股清流，以其學識道德修養影響社會，潛移默化，開啓民智，期能達到於無形中改善社會的目的，以是或獻身教育，作育英才，雖獨善其身，卻能寓其深心，以善家國，此乃是北方先生理想中最高的境界，也正是孫中山先生的「作大事，不要做大官」的深意。

北方先生之所以選擇不做官的這條路，一方面是他深知自己這種耿直、一絲不苟的個性，必爲政治官場所不容，例如沈藎案上書忤逆慈禧；張振武被刺事，不合袁世凱之意，而此兩事使他皆險遭不測。另一方面，因世事莫測，稍不謹愼小心，恐將捲入於黑暗的政治漩渦中，而無謂犧牲，先生洞燭天下大事，一如明鏡，潔身自愛，實可稱之爲最高的智慧。他的人生價值正如兩晉才子張翰所說的，

「人生貴適意耳」，意即人生要使自我活得自在，不需隨波逐流，俯仰由人。但是既生逢亂世，如何能發揮其才適其性，挽救國家民族的危亡？他先是參加康梁變法，及見事不可爲，乃獻身革命的幕後工作，以他張良般的謀略才幹，籌謀畫策，最後功成身退，作育英才，實現他教育救國的理想。

總之，北方先生早年致力革命，以大無畏的精神，歷經艱險危難，雖千萬人吾往矣，希望爲歷史創造一個新境界。其於清末辛亥大革命的時代，赤手空拳，首先奮起，於洛孟倡舉義軍，風氣所播，大有助於河南的革命；於民國後則運籌帷幄，化解軍閥間的戰爭，以減輕人民的災難痛苦；尤其促使樊鍾秀策應北伐軍會師武漢，使之順利底定北京、天津，功莫大焉。其後潛心獻身教育，以培養人才爲第一大願，使門生受其影響而遵行其志，俱能以先生之心爲心，發大慈悲願力，故皆卓有成就，貢獻於國家，成爲北方先生的化身，可謂薪盡火傳。所以其門生癡老感念其師教誨之恩，汲汲於爲其師作傳，期使其思想、道德留傳於後世。而其晚年門弟子丁思岑亦以其師行誼高潔，爲一代之人傑，當年鄉人稱道與熟知者甚多，而今日知悉其人其事者，卻百不及一，若任令鄉賢之潛德幽光，湮沒不彰，則爲門生晚輩之大罪過，（註七十五）如此充分表現其敬愛感懷之意。

兵法有云：「善戰者無赫赫之名」。孟子亦云：「得志，與民由之；不得志，獨行其道。富貴不能淫，貧賤不能移，威武不能屈，此之謂大丈夫」，（註七十六）這兩句話正可以做爲北方先生在歷史上地位的最佳詮釋。

註七十一：見《論語》述而篇。
註七十二：見《孟子》盡心篇。
註七十三：莊適、臧勵龢選註，《韓愈文》，台北：台灣商務印書館，民國五十八年八月臺一版。頁四十二。
註七十四：張家甫，前引文。
註七十五：見附錄丁思岑先生紀念文。
註七十六：見《孟子》滕文公篇。

附錄

壹、紀念詩文

一、慈父嚴師

——我的父親王北方

王俱敏

父親患半身不遂症十年後又罹肺癌，於一九五二年春病逝上海寓所，終年七十二歲。

父親追隨孫中山先生革命四十年，效忠黨國，自無慚怍。「一·二八」戰起，以滬寓生活不易，遂攜眷遷汴，隱居從教。父親先後在河南省立開封高級中學、省立開封女子中學、河南大學附中、濟汴中學（父與美國友人施愛里牧師共同創辦）等校講學育人，過著淡泊寧靜的學者生活，同時亦嚴格教育兒女成長。

父親的學生現在有的成爲科學家、政治家、教授者頗不乏人，滿門桃李，遍及中州。

父親十七歲中光緒二十三年丁酉科河南鄉試亞元，不久考入河南大學堂，次年咨選入京師大學堂，爲史地系學生，精通古文，四書五經幾能全部背誦，又擅長書法，惜因戰亂遺墨散盡。父親因革命關係認識不少日、俄、美等國朋友，在此期間曾自學日、英語，能會話講課。

父親聰穎過人，譽滿中原。父親一生爲革命奔波，爲育人獻身，但他生前從不向人提及自己的功業成就。所以關于父親青壯年時期許多輝煌感人的事跡，我們還是在他逝世後，才從父親生前的門生、故舊、親友的回憶及口述中得知的。

父親的一生，是憂國憂民的一生、是辛勞的一生、也是以育英爲樂的一生。

慈　父

父親十七歲入京，時値戊戌政變，參與公車上書之舉。不久在日本加入同盟會，以后就爲革命四處奔忙。所以父親的民主革命思想給我這個降生在一九二一年的女孩子帶來了無限的歡樂和幸福。

父親反對封建，首先在家庭生活中表現對女孩子的偏愛，並且絕對倡行男女平等。我是他的長女，所以從我降生就充分享受父親的寵愛。

父親特別鍾愛我，如給我取乳名「三寶」，因爲我是父親的第三個孩子，意思是第三個孩子才是他的寶貝。又如給我取字「夢虎」，因爲父親說當我降生之夜父親夢見一虎入帳，於是生我。而且旁有人告訴他「不入虎穴，焉得虎子」。雖夢醒後生一女孩，但父親一直把我當虎子看待。甫周歲，父親每公餘課後總抱我膝上，愛撫弄女是他的一大樂事。

有時父親出門都要我伴行，一件往事深記我心中。一九二七年春，我家寓居上海法租界仁吉里，時我六歲，父親的許多同志當時都寄居滬地，大家相商每天聚于西藏路一品香旅館寫字、讀書報、暢談國事，間或飲酒雀戰，父親每次到旅館去必偕我同行，到旅館後給我一拍字簿（現名練習本），一支紅藍鉛筆，囑我坐在沙發上，在旁邊的茶几上寫字畫畫。中午給我要一份火腿蛋炒飯，一小碗碧綠的豌豆苗湯。我很乖，吃畢就倦臥在沙發上睡去，父親總是輕輕地以他的上衣或長衫蓋在我身上。醒后，父親微笑撫著我的頭，並給兩個大福桔（當時稱福建的桔子）。我邊吃邊寫字，從不吵鬧打擾父親和伯叔們的談話和歡樂。晚上有時父親和我各吃一盤什錦炒麵或生煎包子後返家。一路上父親總是緊拉我的手，生恐車子撞我，經常還給我買一包熱氣騰騰的良鄉栗子或炒熟的白果，並囑回去給弟弟分一半（瑋弟比我只小一歲）。

父親給我最大的厚愛是送我上學讀書，父親時常對人說男女平等要表現在受教育的權利上。我家的女孩和男孩一樣，只要她們自知努力，從小學到出國留學，我竭盡全力培養，絕對不重男輕女，父親說到做到，我從在上海裨文小學讀書起到一九四二年國立西北大學法律系畢業，並獲得學士學位止，父親眞是費盡心血。三十年代，一個生活在清貧教師家的女孩子，能順利地完成從小學到大學的學習全部過程，這是何等的不易啊！

記得一九三八年暑期，我在戰火紛飛的日子裡到河南省鎭平縣投考大學，當接到錄取通知書時，父親由河南省臨汝縣發給我一封電報，電文是：「我這匹老牛又馱上你進入大學」。當時父親已經五十七歲了。這電文充滿老父愛女的深厚親情啊！不久父親又寫長詩〈勗敏女〉寄我，可惜因戰亂長詩原稿已失，詩的主題是勉勵我要自立、自强、自愛。父親對我的慈愛和鼓勵，使我在漫長的半個世紀中，工作、生活上不管遇到何等樣的挫折和磨難，我都一一挺胸闖過，因此，我更加感謝我的慈父對我的親情和教誨。這也是使我生活于茫茫塵世上的强勁動力。

現在，我時常告訴我的兒女說：「沒有你們外公的革命思想，你媽就不可能大學畢業。所以媽媽今天所有的一些知識是你們的外公留給你媽的最大財產。媽媽一生感謝你們的外公，感謝他給你媽受教育的良好條件」。所以每當憶起父親對我的慈愛恩情時，我都淚如雨下，泣不成聲。心情久久不能平靜（此段文字寫了三天，都因悲痛不能完成）。

嚴師

父親除給我創造受教育的良好條件外，父親還是我受教育的嚴師。父親是我的啓蒙老師。四歲開始識字，父親教我每天認約五十個方字塊，字塊是父親利用各種廢紙親自書寫的，先學的多是實詞易記，後學虛詞，然後用字塊聯句，反覆熟練，一月下來能識一千八百字。半年後練習作短文，文題多爲日常生活瑣事，爲兒童熟知的生活作素材，如〈吃西瓜〉、〈捉迷藏〉等。每篇文章父親親自批改，多爲面批，並給等級以資鼓勵。我上小學後，父親還是嚴格要求每天寫日記，每週必寫一篇作文，就這樣要求堅持寫下去。父親在煙台海關監督公署任職時，也還是要求每周寫一篇作文隨信寄上，父親批改後寄回，如此嚴格要求才使我以後小學、中學、大學每次寫作在班上都是優等。父親教我讀古文。父親幾乎每天都要給我講一篇古文，要求是能背誦、能默寫、能懂文意，能運用語詞。所以我在小學畢業前就在父親的嚴格要求下讀完了《論語》、《左傳》、《古文觀止》。

父親教我讀唐詩。我大約在五歲時開始讀唐詩。父親親書幾首詩貼在我的床帳裡，每天早晚我躺在床上對著蚊帳中的詩句朗讀直到能背誦，父親站在我床邊講給我聽詩意，要求是每天至少背會兩首，還要會默寫。記得父親教的第一首詩是孟浩然寫的〈春曉〉。在父親嚴格要求和親切教導下，我小學畢業前已背會學完《唐詩三百首》。

父親對我的啓蒙教育是非常嚴格的。不管是三九寒天，還是盛暑酷夏。每天除作完學校安排的作業外，必須再讀寫父親教授的古詩文，背不會，就跪在地板上念，直到滾瓜爛熟才讓起來。雖然父親對我百般寵愛，但在讀書上卻是非常嚴格的，有時眞近於苛求。

父親教我練字。父親寫得一手清勁俊秀的柳公權體大楷，還寫得一手秀娟流暢的王羲之體小楷。當時汴垣不少門生故舊求他寫對聯、條幅以作紀念。五歲時，父親教我開始仿寫柳公權的《玄秘塔碑》練大楷，仿寫虞世南的《破邪論》練小楷，每天早晚都要練字。

記得幾次因寫不好字而被罰跪。還有一次因沒有寫好字，父親氣得打了我一巴掌，父親一生中就打過我這一次，這一次就爲我練字。我的書法始終有違父意，沒有練出成績，但是至今我寫字總是一筆不苟，這就是父親對我嚴教的結果。

父親嚴格要求我學習英語。我上小學三年級時開始學英語。父親就語重心長的地告訴我，要想將來學有成就，能爲國爲民作貢獻，就要多掌握科學知識，要掌握多種技能、技巧。外語是工具，是手段，要我努力學好英語，所以每天在繁重的課業中又加上英文。當時年幼不理解父親的苦心培育，有時還不用心讀，後來升入中學，課文內容深、語法複雜，當別人學習感到吃力的時候，我還覺得不難。有時還獲得英語老師的表揚。高中一年級，我在開封靜宜女子中學讀書，該校是美國天主教辦的，特別重視學生的英語學習，平日師生交談多用英語，女修道士擔任各班英語老師，當時我的英語水平還屢受她們的誇獎。一次全校英語講演比賽，我還獲得優秀獎，這都是父親從小對我嚴教的結果。

父親嚴格要求提高我的閱讀能力。父親酷愛讀書。他也經常告訴我要刻苦讀書，有些書要精讀，但也要有廣泛的閱讀。博覽群書，才能開拓視野，豐富知識。當時我們一家人的生活全靠父親菲薄的薪水維持，還要供給六個孩子上學，實屬不易。可是父親還是給我們買來必讀的書、工具書和各種中外名著。記得有一次書店大減價，父親就給我們買了各個朝代的傳奇、演義小說、中外名家作品、各種期刊、雜誌等，竟裝滿一輛人力車。天長日久，我家的圖書堆積滿屋。父親任憑我們自由選讀，沒有絲毫的限制和禁止，這也是和父親的革命思想分不開的。父親通過自由閱讀培養我們吸取精華，剔除糟粕的能力，培養我們的閱讀興趣，所以我們姐弟從小就遨游于書海之中，青少年時代的生活十分愉快。

父親常說嚴師出高徒，但要想成爲高徒，必須尊敬傳道、授業、解惑的老師，父親以身作則尊師給我樹立榜樣。父親在戊戌政變後返汴匿居，曾從恩師東阿周世臣學習考據學。周系清朝名翰林，家居開封木廠街，時已屆耄耋之年，只有一女遠嫁，孤身一人，僅有一僕相伴。「一·二八」戰後，父親返汴定居教書。每逢月之朔望日，父親偕我去拜望太老師請安，並攜果餅奉敬。每次都要行跪拜大禮。太老師則飯一餐，師生暢談而別，我隨侍在側，對父親尊師的高貴品質目睹心領，對我教育極深。由于父親的言傳身教，所以我從小學入學起對教育我的各科老師都十分尊敬。在校讀書每期操行評語都有「尊敬老師」的評語。

父親鍾愛我，是我的慈父又是我的嚴師，可是父親不但對我愛而育，父親也十分愛他的學生，認眞負責的教育他們。

父親對思想上有結的學生，總是和他們促膝談心，直到欣然而去。

父親的生活再苦，可對家庭貧窮的學生，總是慷慨解囊相助，以求學有所成。所以我家在開封時，每逢課餘假日，總是莘莘學子相聚的地方，研討學問，指與江山，暢談理想，無拘無束，好不熱鬧。此時也是父親最快樂的時候，因爲他淡泊名利，最愛風華正茂有作爲的青年人，所以他甘當人梯，竭盡全力輔助青年人健康成長。

父親爲國爲民忠心耿耿參加革命，不惜犧牲自己的生命，中州父老人人盡知，父親從事教育工作，負責認眞，勤勤懇懇，培育後代，使中州大地青年後學，人人愛戴敬佩。

父親離開我已經四十二年了，

父親的音容笑貌宛然目前，

父親的慈愛養育之情，

父親的嚴格教誨之情，永遠銘記我心中。

二、悼念岳父　北方公

吳桂昌

先岳父北方公，當年在我中州地區，是人人尊敬的革命先大師。人們讚揚他天賦異稟，讀書過目不忘，十七歲中舉。又敬佩他獻身革命，參加國父孫中山先生領導之同盟會與滿清搏鬥。大家更樂於傳誦的是他奉國父之命由日本購置軍械押運回國，參加「三．二九」廣州起義，因船行誤期，抵香港時廣州之役已告失敗，否則今日黃花崗上已是七十三烈士矣。人們尤其尊崇他淡泊名利的高風亮節。滿清推翻後他遠棄政壇，致力教育，作育英才。在三十年代前後，中州一帶的軍、政、文教界菁英，多出其門下。但人們所知者多屬學術或功業的一面，而依我的感受，岳父寬厚慈愛之心，乃為他偉大人格的最高點，更令人永懷難忘。

岳父與父親原是多年老友，我第一次拜見岳父是民國三十一年冬（一九四三年），當時父親甫由四川奉派返豫接任豫北師管區司令，駐節洛陽。母親和我則在魯山故里。父親到任後寫信要我們母子去洛陽團聚，信中也順便提及一事，大意是：「桂昌已十六歲，近有好友提起北方大哥三女俱如與桂昌同庚，有意促成二家同結秦晉之好，你們來洛陽時可取道臨汝，去北方大哥府上一會」。母親依父之意，整理行裝雇車登程。抵臨汝後，由友人陪同前去拜見。岳父體態魁偉，和藹慈祥，頻頻垂詢我在校課業情況，流露無限關愛之情。當時亦曾與俱如會面，彼此頷首為禮，卻未交談。約半小時後告辭，轉向洛陽進發。三個月後，岳父親自來洛陽與父親商定並辦妥我倆文定之儀，我倆當事人都不曾參與，如此便決定了我與妻四十年甘苦與共的命運。

與岳父再次相聚則在三年後抗戰勝利，我由蘭州還鄉。勝利前一年，岳父不幸罹患中風，導致半身不遂，長期臥病。返鄉不久，我奉父母之命完婚，婚後偕妻同去上海攻讀，因而與岳父相聚時日甚淺，但對他老人家寬厚的胸襟，慈愛的心懷，感念良深。而妻對岳父的尊崇敬愛，以天高地厚也難比擬。

妻一生對世上最敬最愛者唯岳父一人。她以岳父為榮為傲，尤其每談及岳父對她的寵愛之情，無不興高采烈，眉飛色舞。妻生性多愁善感，偶因細故稍不順遂，便情緒低落，甚至涕淚交流。但在其憂煩愁苦之時，一旦話題轉在岳父身上，她頓時精神大振，展露歡顏，屢試不爽。父女情深如此，世所罕見。

妻最得意且曾敘說過百十遍的往事，就是她婚前在家經常晏起，每天清晨必須岳父來在床邊，一面輕聲呼喚，一面拉其雙手，將要坐起又故意倒伏枕上，三拉之後，方肯起床。每當岳父展卷閱讀，她便伏於岳父膝上，岳父一邊看書，一邊撫其項背，竟致陶然入睡。這種世間至高無上的天倫至情，多麼溫馨感人，此情此景，正是眞、善、美的最佳寫照。

岳父與岳母更是伉儷情重。常聽岳母說：偶而岳母因故鬧些情緒，岳父總是心平氣和若無其事，岳母氣消後問道：「我發脾氣之時你何以充耳不聞又毫不氣惱？」岳父答曰：「我只聽到一陣狗吠，何氣之有？」其幽默與氣度，非常人所及。岳父臥病多年，岳母扶侍照顧無微不至，朝夕相伴如影隨形，情意之深，足爲世人楷模。

提起岳父的幽默感，想起友朋間傳說的一則故事，是我親見親聞。有一次，某位友人探望岳父，問起岳父半身不遂之病有無好轉，岳父答曰：「我病情惡化時人們說我「左傾」（左腿不良於行），我病情好轉時又說我「前進」（可以行走）。當時「左傾」「前進」意有共產思想，岳父數十年不問時事，只是藉此以博友人一笑。

岳父對其門生學子猶如子女般的關愛。學生們對他不但尊崇有加，更樂於親近他。家中經常門戶爲穿座無虛席。學生不論有任何困難他都傾力相助。他高深的學問使青年學子衷心敬佩，他慈愛祥和的風範尤令人感人肺腑。今日社會大力倡導愛的教育，然而遠在六、七十年前岳父早已率先示範矣。

綜觀岳父一生，飽讀詩書學貫中西，是爲大智。不顧安危，獻身革命，是爲大勇。他更散播了無盡的愛，愛國家民族，愛青年學子，愛妻子兒女以及親友，非懷有大仁胸襟，焉能至此。他兼具大智、大仁與大勇，可稱得起是一代完人。

三、三十年後念師尊

丁思岑

某日、與鄉兄吳桂昌先生敘舊，談起正為其岳翁王北方先生蒐集生前事蹟資料，書寫傳記。因而憶及余當年在河南省立淮陽師範學校受業王師時之軼事，分段概述，藉申對先師之感念。事雖點滴，並無價值，然於諸事之餘，如有省思，當又悟及師尊之剛正、學養、與對黨國犧牲奮鬥之至忱，一代人傑，能不令人肅然起敬，永難忘懷。

(一) 來頭不小　師尊全校

當民國二十九年淮陽師範設校魯山時，王師曾來校任教，未上課時，經常出入校舍，然從未見其與人交談，同學甚疑，此何人耶？同學中有識者曰：「提起此馬來頭大，他是清朝最後一科舉人，同盟會老會員，是耶非耶？未知其詳。某日、見校長周祜光（河南澠池人）先生與其路遇，校長趨避路側，並鞠躬行禮，請王師通行，但未見王師有何表情，坦然而過。

當時某同學即曰：「看校長對他如何？你們該知此馬來頭大哉。」同學們自此益覺奇異，卻不知其所以然。及開課之後，每週一第一節課，均訂爲總理紀念週，校長主持行禮如儀後，由老師輪流作學術演講，每次均於校長主持儀式後，即宣稱今日請某師講授某某專題，然後即示意請某師開始學術演講，但若輪到王師演講時，校長必親至其面前，鞠躬請駕，並語：「請老師訓話」。日久詢及他師，校長何以獨對王師尊敬若是？後始悉：王師係清朝舉人，同盟會時與國父同在日本與國內奔走革命，爾後任教河南省留美班時，校長係其門生，故對王師特加尊崇，因而王師即師尊全校。

然天下事亦有奇特者，雖非常見，亦非未有。王師行路，抬頭挺胸，目不斜視，旁若無人，而當時有史地老師曾次亮（河南太康人）先生，學養既淵且博，眞是天文地理，無所不通，曾師亦不苟言笑，未曾見語與人，低頭行路，若有所思，亦旁若無人，同學們設想：若此兩位老師相遇，豈不衝撞？王師氣宇軒昂，曾師瘦弱書生，故深爲曾師擔憂，因曾師亦深受同學們敬仰，長禱兩師切勿相遇。當時學校班次不多，範圍亦不算大，上下課終有相遇之時，而同學們又盼其相遇，以窺其究竟。果有某日：上下課時，兩師相遇，同學們不勝緊張，及兩師會頭時，曾師卻讓一側，兩人均無表情，擦肩而過，同學們耽心之事，於此釋然。蓋曾師之禮讓，亦爲對王師之尊重也。

(二)「汪精衛、小孩子……」

當七七盧溝橋事件發生之後，全國軍民，地無分東西南北，人無分男女老幼，均激情憤慨，甘願奮鬥犧牲，誓死抗戰到底之際，汪精衛於廿七年十二月潛奔越南河內，並發表所謂「豔電」，認賊作父，投敵爲奸，非但舉國震驚，抑且痛恨其非。及廿九年三月，汪於南京開府，正式成立僞政權。某日王師上課，一反往日上課即講授之例，將書本放置桌上即曰：「汪精衛，小孩子，早知他有今日，當年與他由日返國之時，在船上，狂一狂手，也把他推到海裡去了，自己去作漢奸，還要邀我去當漢奸，可恥！可恥！叛國害民，要當頭號漢奸，他絕對不會有好下場」。蓋因汪某組織僞政府，欲藉重黨國大老，以充門面之故，乃有邀約王師之事。

㈢苦心孤詣　啓迪後生

王師係國文老師，此時物質貧乏，上課時無教科書可用，全由諸師自行講授，王師所授文章，就記憶所及，開始講伯夷傳，繼授荆軻傳、大鐵椎傳、蘇武傳、報任安書、虯髯客傳、進學解、瀧岡阡表、王安石上仁宗皇帝言事書、岳陽樓記、滿江紅、正氣歌、史可法與多爾袞書、及敵乎友乎等文。當時同學們均年幼無知，認爲正當抗日激戰之際，何不講授有關抗戰文學？竟授此類文章，雖爲國文，似屬不急之務，茫茫然亦無可奈何！爾後年事漸長，涉世日深，乃悉此類文章，乃我國家民族先賢先烈，一脈相承之高尚行誼，與千古不朽之佳作，藉此啓迪後生，依仁行義，守死善道，激勵吾等奮發圖强，與誓死抗日之決心與行爲之指針，及今思之，對王師用心之苦，與影響之深，欽敬曷已。

(四) 警報聲響 只揮揮手

抗戰時，日機到處炸射，任何地點，均可波及，同學們皆曾親睹其慘狀，故無論何時，每有警報鐘聲，即競向郊外躲避，於上課時，如有警報，不待師命，即自行奔逃，惟王師上課時，如有警報，王師不示意，無人敢擅自行動，必待他揮揮手，示意外出時，方敢行動。但王師仍手持書本，佇立原地不動，待警報解除，未到下課時間，同學們返回教室時，他仍姿勢不變，站於原地，其鎭靜與負責精神，未見有如王師者。

(五) 五十自述 國事爲念

在校時，印刷困難，均無課本，有的老師在黑板上寫出綱要講授，同學們自行筆記，也有老師先寫稿本，石印分發講授，其間多會於講授時在黑板上寫出辭句補充說明。王師所授文章，皆爲石印分發講授，但總不見寫字補充說明，故同學們未曾見其字體若何？因其係清代舉人出身，想必字體勁美，不肯示人。迨其於五十大壽時，寫一明信片寄某友人，交一同學代爲投郵，吾等視爲機會難得，爭相傳閱，其字體自是不凡，其特點尤爲剛勁，恰屬字如其人，猶記信內寄詩一首，題曰「五十自述」，文曰：「過涼人生須置郵，不堪回首話從頭；沛公原未問家事，岳爺祇知報國仇」。短短數句，僅爲余讀王師之惟一大作。五十餘年前故事，如有舛誤，當祈方正。

睽違門墻，五十餘年矣，於今人去墻圮，拜叩無由。每念王師用心雖苦，奈何弟子拙愚，名師卻無高徒，余不曾見王師歎息，而自覺愧對師長，慚無涯矣。設思若王師泉下絳帳高懸，身後之時，仍將投奔帳前，未卜王師可願教我？

㈥後記

王師生前，行誼高潔，往昔鄉人稱道與熟知者自是甚多，然時至今日，能知悉其人其事者，百不及一，若令鄉賢之潛德幽光，任其湮沒不彰，後生晚輩，罪莫大焉。余忝列門墻，其罪尤甚。不才若我者，自知文拙識淺，無可語人，從未於報章雜誌爲文，今爲紀念王師，卻不揣淺陋，信筆記之，若王師有知，可教之訓之，或可一圖僥倖，念弟子之誠敬，賜我六十分，我當欣喜欲狂，比四等雲麾勳章，猶有幸也。

往事歷歷，逼取便逝，年逾古稀，糊塗難免，若獲青睞，一笑置之可也，如有愛我者，予以賜正，在下當馨香祝禱，願就教於賢明。

四、記事詩三首

(一)世新學院共同科「學術討論會」即事

——程玉鳳老師主講「河南革命軍先導王北方先生事蹟研究」有感

辛亥革命大時代，志士仁人慷也慨；
血濺邑城洛水悲，北方人傑驚天外。
摩頂放踵慨然走，革命先導膽似斗；
憂樂心懷以國家，舉旗奮袂中州首。

天民天職匹夫責，國族國魂志士策；
事蹟佚傳名隱焉，彰前啓後史家摭。
奮其武怒風雲會，孟義孔仁天下最；
勁節先生照汗青，觀心觀跡勳勞大。

民國八十三年六月六日

癡叟王天從

㈡先師大伯北方先生一一七冥誕

受業姪王天從

西望雲天百感生，追思立雪逾親情；
寒風吹夢入尼室，道德文章海內驚。

辛亥起義動風雲，先導河南革命軍；
垣曲偏師揮大纛，功成身退仰清芬。

志節清崇高士風，勳名敝屣笑空空；
唯其行道利天下，並世無人似此翁。

中原回首路茫茫，遙望師門暗自傷；
風淚滿襟深寄慨，傳薪遞火意偏長。

甲戌夏曆十一月初六日，口占七絕四首

(三) 哭大娘

民國七十七年十一月十六日晚八時四十分、接宜蘭縣政府主任秘書吳桂昌弟電告大娘於十一月七日上午逝世於大陸東北哈爾濱市，嗚呼！享年九十六歲。

陰霾氣象望空愁，歲歲海荒憂復憂；天外白雲寒欲雪，不堪淒絕晚霞收。
噩耗傳來淚不乾，師門夢斷夜漫漫；風摧落木哭無奈，欲報母恩已更難。
深恩慈惠若親娘，誨我愛吾情弗忘；入室升堂猶母子，不堪回首憶流亡。
黑水白山北望空，炎荒絕海道難通；淒淒椰雨艮邊雪，啜泣涕零哭路窮。

不肖姪 王天從 悲泣

貳、大事年表

王北方先生大事年表

紀年	年齡	大事
清光緒六年（西元一八八〇）	一歲	十一月初七日（陽曆十二月八日）生於河南省孟津縣城內太平街。
光緒十二年（西元一八八六）	七歲	已能識字讀書，一目十行，過目不忘，作文做詩，才思敏捷，有神童之譽。
光緒十三年（西元一八八七）	八歲	讀完《大學》、《中庸》、《論語》、《孟子》等書。
光緒十八年（西元一八九二）	十三歲	經縣考、府考、院考，連中三元，爲壬辰科秀才。時年未滿十二歲，人稱「小三元」。

光緒二十年（西元一八九四）	十五歲	府學歲考成績優異，列爲一等。拜府學官何吟樵爲師。厭惡科舉，離家出走嵩山。
光緒二十三年（西元一八九七）	十八歲	八月、到開封參加丁酉鄉試，考中第二名舉人（亞元）。時年尚未滿十七歲。在相國寺與劉錫治（覺民）結爲異姓兄弟。
光緒二十四年（西元一八九八）	十九歲	三月、到北京參加會試，以列名公車上書，未能中式。
光緒二十七年（西元一九〇一）	廿二歲	至西安八仙宮，上書慈禧萬言書。
光緒二十八年（西元一九〇二）	廿三歲	是年春、以第一名考上河南高等學堂師範科。九月、考上北京「京師大學堂」師範館史地系。
光緒二十九年（西元一九〇三）	廿四歲	因「沈藎血案」上書爲其申訴，忤逆慈禧之意，被迫北走海參崴，亡命天涯。

光緒三十二年（西元一九〇六）	廿七歲	東渡日本，以「北方」之名加入同盟會，並爲劉錫治易名「覺民」，同時加入爲會員，參加革命。遠赴南洋各地，宣揚革命主義。
光緒三十四年（西元一九〇八）	廿九歲	是年春歸國返豫、奔走臨汝、魯山、寶豐等縣，宣傳革命，待機起義。並在開封南關籌辦「中州公學」，以教書掩護革命活動。
宣統三年（西元一九一一）	卅二歲	奉命赴日接運槍械，未及運回，廣州之役事起失敗。在豫聯絡嵩山王天縱起義洛陽、孟津，會合吳祿貞、閻錫山，直搗北京。武昌起義，勸說孟津縣令獨立，拒接縣印而去。自組革命軍，起義孟、洛，因事機洩漏，功敗垂成。
民國元年（西元一九一二）	卅三歲	一月二日夜、率軍佔領垣曲。清帝退位，受推爲山西代表赴北京參加「軍界統一聯

		合會」，袁氏任爲公府高等軍事顧問，及內蒙古騎兵游擊支隊少將司令。八月、因張振武、方維被殺，與袁氏不合，辭職離去。由凌鉞介紹加入「國民黨」，以當時政黨政治無理想，離京返豫。
民國二年（西元一九一三）	卅四歲	於開封與美籍施愛理牧師籌辦「濟汴學堂」。並在「河南留學歐美預備學堂」教授史地。
民國六年（西元一九一七）	卅八歲	佈置西北黨務。
民國九年（西元一九二〇）	四十一歲	反吳援粵。
民國十五年（西元一九二六）	四十七歲	策動豫軍樊鍾秀與北伐軍會師武漢。

民國十六年（西元一九二七）	四十八歲	三月、受困鄧縣之役。 十一月、任職湖北禁煙局。
民國十七年（西元一九二八）	四十九歲	五月、代理財政部武昌關監督。 九月、受命爲行政院「西康設省視察團」秘書長。
民國十八年（西元一九二九）	五十歲	夏、奉令結束西康設省事宜。
民國十九年（西元一九三〇）	五十一歲	至山東煙台海關公署，協助處理文書。
民國二十年（西元一九三一）	五十二歲	秋、以豫籍黨代表與劉覺民參加第四次全國代表大會，經大連因見日寇謀我勢急，未去廣州開會。九一八事變返滬。
民國二十一年（西元一九三二）	五十三歲	一二八淞滬之役，手稿毀於戰火。

民國二十二年（西元一九三三）	五十四歲	婉辭立法委員、及江蘇省第八區行政專員。回開封，任教「濟汴中學」高中部。
民國二十七年（西元一九三八）	五十九歲	日寇入侵豫北，開封危急，逃難至鎮平縣西新民市。任「第一戰區自衛軍第三路」司令部秘書長。
民國二十九年（西元一九四〇）	六十一歲	爲臨汝風穴山白雲寺撰「重修禪堂官廳庫房碑記」。
民國三十三年（西元一九四四）	六十五歲	中風。
民國三十四年（西元一九四五）	六十六歲	抗戰勝利，返回開封故居。任河南省政府有給職參議。
民國三十七年（西元一九四八）	六十九歲	國共戰爭擴大，中原糜爛，離汴遷滬。
民國四十一年（西元一九五二）	七十三歲	三月二十七日、病歿上海。

參考書目

《河南文史資料》第二十四期，中國人民政治協商會議河南省委員會文史資料研究委員會編，一九八七年十二月初版。
《孟津縣志》，清徐元燦編，台北：成文出版社，民國六十五年出版。
《孟津縣志》，河南孟津縣地方史志編纂委員會編纂，河南人民出版社，一九九一年十二月出版。
《光山縣志》，光山縣史志編纂委員會編，中州古籍出版社，一九九一年出版。
《直隸汝州全志》，清白明修纂，台北：學生書局，民國五十七年出版。
《汝州志》，明承天貴編，台北：新文豐圖書公司，民國七十四年年版。
《中華民國史事紀要》，民國十八年二月，台北：國史館。
《國民政府公報》，民國十六年十月，第二號。

《河南自治史略》，河南自治學社，民國二十年元旦出版，黨史會藏。

馮自由，《中華民國開國前革命史》，第一冊，台北：世界書局，民國四十三年出版。

馮自由，《革命逸史》，台北：台灣商務印書館，民國五十八年三月台臺一版。

張家甫，〈河南革命軍先導　王人傑事略〉，《民立報》，辛亥年十一月廿六日（第四百五十號）。

王北方，〈記民主革命者劉覺民〉，開封《中國時報》，一九四五年十二月五日、六日、七日第一版。

楊家駱，〈民國人物圖鑑　民國史稿草創本副刊之一〉，辭典館，民國二十六年一月初版。

劉兆璸，《清代科舉》，台北：民國三十四年三月初版。

呂佛庭，《中國十大名都》，台北：行政院文化建設委員會，民國七十四年六月初版。

《中國近現代人名大辭典》，台北：中國國民黨黨史委員會。
李盛平，《中國現代史辭典》，北平：中國國際出版社，一九八九年四月出版。
〈汴洛之愁雲慘霧〉，《民立報》，一九一二年一月二日。民國元年二月四日民立報，第四七五號。
涂心園，〈憶河南省立留學歐美預備學校〉，《傳記文學》，第五十五卷第三期。
錢穆，〈略論中國歷史人物之一例〉《國史館館刊》，復刊第一期，民國七十六年元月出版。

索　引

二　劃

丁香玲　117

三　劃

于右任　113, 113, 115, 120, 133, 170

于學忠　129, 130, 131, 132, 133

弓富魁　122

四　劃

公孫長子　93

升　允　54

孔祥貞　93, 94

孔祥熙　93

方　維　103

方咸武　97

王　普　86, 88, 100

王　琥　3, 84, 164

王　瑋　3, 164

王　賡　97

王公度　162

王天同　82, 83

王天從　3, 82, 84, 145

王天縱　82, 83, 84, 85, 86, 87, 91, 92

王文韶　62

王世杰　161

王丕煥　97

王占元　95, 96, 101, 102

王用賓　94, 111

王兆方　137

王汝勤　97

王廷棟　6

王俊傑　6, 27, 29, 51

王　玲　164

王俱如　150, 160, 164, 166

王俱艾　164

王俱塞　81, 163

王俱侗　81, 163

王維岳　87

王錦堂　6

王燦章　105

王麗之　88, 89

王獻元　154

王繼成　98

王鶴齡　154

五　劃

史宗法　113

尼古拉二世（Nicholas II）　62

田　桐　72, 120, 125, 127, 128, 138, 170

田頌堯 138
白　閬 111, 112
石　言 83
石　覺 154
任佩萴 162
安星三 132

六　劃

朱光彩 109, 114
朱培德 128

七　劃

何成濬 123, 125
何吟樵 27
吳亦魯 93
吳兆麟 98
吳式釗 64
吳佩孚 115, 116, 117, 118, 119, 121, 122, 126, 127, 128, 129, 130
吳協唐 160, 161
吳桂昌 3, 151, 156, 160, 164
吳祿貞 81, 82, 85, 92, 93
吳慧之 93
吳醒漢 137, 138
吳絜華 139
宋　彤 162
宋子文 139, 140, 161
宋教仁 106
李士銳 97
李山林 126, 130, 131
李永奎 82
李岐山 94, 96, 111
李和民 146, 147, 148
李宗仁 128
李宗陽 29, 53, 54, 66
李治雲 117
李青天 153
李烈鈞 98, 110
李景林 120, 122
李福林 117
李魁元 90
李蓮英 54, 55
李鴻章 43, 49, 53
李鴻藻 129
杜彤君 71
杜　潛 77
杜錫鈞 98
沈鴻英 117, 118
沈　藎 61, 63, 64, 65, 66, 67, 71, 172
汪兆銘 125, 127, 140

八　劃

周　雲 34, 49, 66
周天爵 49
周光斗 49
周符麟 97, 99, 101

周震麟　123, 138
周祐光　142, 149
岡村寧次　159
岳　屹　86, 88
岳維峻　113, 120, 121, 122
林　森　141
武士敏　122
金恆超　82
金炳光　90
金殿卿　89

九　劃

俞　奮　123
姜明經　98
施愛理　107, 108
柏文蔚　110
禹老五　144, 150
胡景銓　113
胡景翼　111, 113, 115, 119, 120
胡漢民　80, 81, 110, 140
胡德輔　122
范龍章　154

十　劃

凌　鉞　73, 106, 142
剛　毅　51, 52
唐才常　64, 67
唐生智　128
唐在禮　97
唐克南　154
哲布尊丹巴　104
孫　文　72, 80, 81, 106, 113, 117, 119
孫　官　82
孫　岳　119, 120
孫　武　98, 105
孫　科　135, 136, 140, 142
孫　鐘　73
孫家鼐　58, 59
孫傳芳　95, 96, 101
孫椿榮　156, 158
展書堂　153
徐　桐　51, 52
徐紉行　93
徐永昌　122
徐瑞麟　136
徐壽椿　129
柴雲陛　82
格桑澤仁　137
殷啓勳　97
祝韻湘　132
翁同龢　41, 42, 43
耿　毅　99
袁世凱　51, 82, 84, 92, 97, 101, 103, 104, 109, 110, 111, 112, 172
馬文德　129
馬志敏　117

十一　劃

寇英傑　121, 126
常德盛　117
康有爲　36, 40, 41, 44, 50, 64
張　平　82
張　鈁　96
張　勳　113
張　繼　120, 170
張人駿　66
張士鈺　97
張之洞　49
張正一　154
張石生　94
張百熙　59, 60, 61, 65
張作霖　115, 116, 118, 120, 121
張伯烈　105
張廷輔　99
張宗昌　122
張金鑑　142
張郁文　154
張家甫　17, 75, 84, 91, 101, 174
張振武　103, 172
張黑子　87
張鳳翽　96, 112
張龍臣　37, 38, 51
啓　綏　87, 88, 89, 91
曹　錕　93, 118, 119
梁啓超　25, 41, 44, 45, 50
清德宗　1, 41, 50, 52, 54, 55
莫慶斌　118
許崇智　117, 129, 133
郭允恭　154
郭松齡　120, 122
陳文釗　129
陳文運　98
陳正詩　95
陳果夫　142
陳炯明　118
陳樹藩　95, 97, 113, 115
陳夔龍　58
陸　錦　97
陸承武　113
陸建章　103
陶芙蓉　82, 112, 113
陶春芳　156, 158
陶炯照　88, 89, 91, 100
章炳麟　105

十二　劃

傅良佐　97
喬義生　94
普拉嵩（De Placon）62
景定成　72, 73, 94
曾昭文　76, 77, 78, 83, 84
湯　鵬　49
湯恩伯　154, 160
焦仙洲　154

焦希孟　111
程　克　72, 112
程　潛　128, 147
程守箴　98
馮玉祥　117, 119, 120, 122
黃　興　72, 80, 84
甯調元　105
喀巴保夫　69

十三　劃

楊　虎　123
楊希閔　117
楊庋甫　94, 96
楊開甲　98
楊源懋　79, 83
楊緒震　79
楊衡岑　154
毓　賢　51
溥　儁　52
溫壽泉　94
裕　祿　51, 52
賈疏影　136, 162
載　漪　51, 52
載　灃　80, 92
鄒　魯　140
靳雲鶚　97, 105, 121

十四　劃

廖宇春　97
榮　慶　60
熊秉坤　99
熊繼貞　118
趙　傑　116, 117
趙　儒　87
趙　聲　80
趙　倜　95, 96, 97, 99, 101, 115, 116, 117
趙天清　129, 126, 129, 150
趙長榮　86
趙恆惕　98
趙得一　147, 148, 150

十五　劃

劉　洵　97
劉　湘　138
劉　鶚　64
劉文輝　138
劉守中　120
劉成禺　105, 118
劉茂恩　161
劉茂寅　161
劉茂業　79, 83
劉純仁　79, 83
劉基炎　77, 78
劉震寰　117
劉樹棠　33, 35
劉積學　77
劉錫治　38, 39, 46, 55, 57, 70,

71, 73, 79
劉鎮華 79, 119
劉覺民 2, 39, 46, 47, 73, 88, 98, 99, 110, 111, 112, 113, 115, 116, 117, 118, 119, 120, 123, 126, 127, 128, 129, 130, 131, 132, 133, 135, 136, 138, 139, 141
慶　寬 64
樊鍾秀 111, 117, 118, 119, 120, 121, 122, 125, 126, 128, 129, 130, 132, 133, 151, 173
蔣　峨 83
蔣中正 125, 128, 129, 133, 134, 137, 141
蔡成勳 98
蔡濟民 98
鄧　瑜 111, 113, 121, 122
鄧玉麟 99
鄧演達 128
鄧錫侯 138
魯景博 82
黎元洪 85, 98, 103, 106
黎天才 99

十六　劃

盧　梭 106
蕭廷彬 86
閻相文 115
閻錫山 82, 94, 121, 122
應龍翔 85, 86, 98
憨玉琨 82, 119

十七　劃

薛篤弼 99
謝　持 138
謝有功 94
藍天蔚 105
魏崇元 137, 138

十九　劃

龐文中 83
龐炳勳 127
羅穀蓀 137
譚延闓 125, 128, 133, 137
譚嗣同 64
關福恩 82, 83

二十　劃

嚴　復 41, 44, 47
竇　棻 86
竇德全 117
竇　鈞 99
釋德毅 55

二十一　劃

續桐溪 111, 113, 120, 121, 126

國家圖書館出版品預行編目資料

河南革命軍先導：王北方傳
／程玉鳳著. --初版. --臺北市：
臺灣學生，民85
面；　公分
參考書目：面
ISBN 957-15-0796-2 (平裝)

1.王北方 - 傳記

782.886　　85011945

河南革命軍先導
王北方傳（全一冊）

著作者：程玉鳳
出版者：臺灣學生書局
發行人：丁文治
發行所：臺灣學生書局
臺北市和平東路一段一九八號
郵政劃撥帳號〇〇〇二四六六八號
電話：三六三四一五六
傳眞：三六三六三三四
本書局登記證字號：行政院新聞局局版臺業字第一一〇〇號
印刷所：常新印刷有限公司
地址：板橋市翠華街八巷一三號
電話：九五二四二一九
定價平裝新臺幣二三〇元
西元一九九六年十一月初版

78291

ISBN 957-15-0796-2 (平裝)